現代社会の課題と地方自治

日本地方自治学会編

敬文堂

〈目次〉

Ⅰ　記念講演

地方自治と私　見上　崇洋　3

Ⅱ　地方自治をめぐる今日的課題

1　新型コロナ感染対策の法的課題（要請・命令・制裁）　稲葉　一将　31
2　自治体におけるデジタル・トランスフォーメーション推進の様態
――ＡＩおよびＲＰＡの活用を中心として――　松岡　清志　53

Ⅲ　自治体をめぐる政策と裁判

1　自治体行政のデジタル化と個人情報保護　庄村　勇人　89
2　自治体における庁舎前広場と住民の利用権
――金沢市庁舎前広場事件第２次訴訟を中心にして――　榊原　秀訓　115

Ⅳ　公募論文

住民と市町村議会の間のプリンシパル・エージェント関係を検証する
――原発再稼働をめぐる住民世論と市町村議会の意見書の可決状況の分析―― 砂金　祐年 151

Ⅴ　書評

内海麻利著『決定の正当化技術　日仏都市計画における参加形態と基底価値』 今里佳奈子 187

Ⅵ　学会記事

日本地方自治学会　学会記事 203
日本地方自治学会　年報「論文」・「ノート」公募要領 207
編集後記 212

I 記念講演

地方自治と私

見上崇洋
（立命館大学名誉教授）

一　はじめに

この企画ではこれまでの例から地方自治研究について話すべきと考えているのですが、私には、地方自治を独自の研究課題とした自覚もなく、また、研究業績もなく、今回の話をする資格も能力もありません。以前の講演で辻山幸宣先生が、自分が話して良いのか、などとおっしゃっている（地方自治叢書三二号、二〇二〇年）、また、今村都南雄先生が、地方自治コンプレックスがあったなどとおっしゃっている（地方自治叢書三〇号、二〇一九年）のをみますと、ますます、お引き受けすべきではなかったと後悔しているところです。そういう者が、それでもボチボチと地方自治にどう関わってきたか、また対応できなかった課題をお話しすることで責めをふさぎたいと思います。タイトルも「地方自治の周辺でウロウロ」とか「日本地方自治学会でウロウロ」の方が良いかもしれません。

二　地方自治学会との関わり

私は行政法学を専攻しています。地方自治は、行政法学を専攻する以上、関わってきます。私にとって地方自治学会は、会場校、日韓交流、組織委員会、企画委員会、等等、若干のお手伝いもしてきましたが、そのなかで教えてもらうことが実に多かったと思います。規模がそれほど大きくなく、関わりやすかった、ということもあります。第二回の学会から出席し、どういういきさつだったか覚えていませんが、杉村敏正先生の記念講演（地方自治叢書二号、一九八九年）のテープ起こしをやったりしました。

会員が少し減少して、寄本勝美先生などがご苦労されていた時期とかみてきたのですが、現在の姿は、ずいぶん変わってますます活発で、うれしく思っています。こういう状況は、地方自治の重要性、課題がますます大きくなっていることの反映でもあると思っています。最近では取りあげられるテーマが、毎年、きわめて多様で、ほとんどついて行けないことになっています。テーマの多様さは、地方自治を一学問ディシプリンで分析しきれないことの表れでもあって、これも本学会の面目躍如というところでもあるかとも思います。

企画委員は辻山さん、財政学の遠藤宏一さんと三人でやりましたが、三、四年だったでしょうか。学会は初期には、土曜日はシンポジウムをやり、２日目の日曜日は午前中だけ、隔年で日韓交流と若手企画とか1本やる、という今からみると、密度が濃くなく、企画もそう苦労しない形でやっていました。最近の企画の密度の濃さには本当に頭が下がるところで、隔世の感があります。二日間まるまる企画で埋めるようになったのは、中郵章先生が理事長のときからだったでしょう。私などに理事長が回ってきたのは、本当に単なる巡りあわせで、学問分野、地域的なバランス等を大事にするという地方自治学会の構成上、おはちが回ってきただけのことです。くり返し言うように地方自治研究をちゃんとやってきたといったことはまったくありません。だから、こうして話すことも、本当に困っているところです。

三　地域に入る

1　農地・農村問題

さて、本題の研究上での地方自治との関わりですが、私にとって地方自治が自分の研究テーマとは言いにくいのは、大学院で同期の木佐茂男さんがドイツの地方自治研究を歴史的に丹念にやっており、それを横で見ていたのでといったこともあるのでしょう。もちろん、地方自治は、行政法学には当然に大きく関わる、構成要素となるので、地方自治と関わりがないとまでは言えないところです。そうしたことから本当に「地方自治の周辺でウロウロ」してきたわけですが、この題では報告にはふさわしくはないということになりそうです。

そういったなかで、今から思えばですが、私が地方自治の実態にやや具体的に関わりをもつようになったのは、土地問題・農地問題をきっかけにした農村問題で、必然的に地域振興とか自治の意義・限界といったことを意識せざるをえないようになっていったことだと思っています。

私の研究はもともと都市計画法制から出発して、フランスの制度をやりかけていましたが、ほんとに中途半端なままでいた八〇年代前半、バブルより少し前のことですが、中曽根内閣の下、アーバン・ルネッサンスという政策によって土地問題がおこってきます。レーガンやらサッチャーやらの時代で、規制緩和が一斉風靡します。規制緩和という語はいつの時代にも出てくるのですが、当時は、当時もかもしれませんが、すべてにつけ規制緩和、世界中でも日本でも規制緩和の嵐で、土地利用規制の緩和も大きな焦点となります。その頃、関西で、民法・法社会学の甲斐道太郎先生を中心に、土地問題とくに農地・農業に対する規制緩和問題をテーマとする研究会が組織され、これに誘われました。法律家以外に、農地行政の実務家、農業経済、林業経済、都市計画などの人がメンバーでした。八三年でした。

農地の規制緩和については、農地法で農民資格に限定されていた農地保有を自由化するということが中心で、自由化は主として企業的な土地保有にする、農地保有資格がなかった株式会社の農地所有を許容するという方向です。こういった方向性は現在でもずっと主張され、微妙な形で緩和され続けていますが、全く自由になっているわけではない、といったところです。企業的であれば、採算がとれなくなると、農地のママで保有していても利益は上がらないから、その土地利用は様々に変転する可能性を含む、というかそういう所有形態にしたいという思惑がある。農業は、一人の農地がバラバラに孤立して存在しても難しいことが多く、日本の場合、零細錯圃といって、一人一人が小さな土地をやっと自分の分だけもっていることが多いのですが、土地の集合性というか連坦性が重要になります。一団の農地群という農村空間が形成されるのが望ましい、必須であることになります。その間に企業保有地が入り込んでくると、農的に利用されている間は良いが、採算がとれなくなると、スプロール化して、農業利用の有効性、農業を維持する環境条件が変化する、さらには農村そのものの基盤が崩れる、等々の問題が深刻化する懸念が生じます。中曽根規制緩和でそういった懸念がかなり鮮明に浮上してきたので、土地利用の規制緩和を農地・農業・農村についてみてみよう、というのが大きなテーマでした。農業については、それまでもいろんな形で危機が言われてはいたのですが、タブーだった農地制度に対して直接に手が出されるような状況だったわけです。で、この研究会では現地に行くことが多くありました。私は、岡山県北部の純農村地域の出身なのですが農家ではありませんでしたが、そこでみる地域の課題は、育った中で体験した農村とも異なり目新しいことばかりでした。

2　農村地域の実状

八〇年代では高度成長はとっくに終わっていて、農村では兼業化は進み、生活様式も変化して都市的生活様式になっており、純農村というものは少ない。とはいえ、都市とは様相は異なっています。少し時代が進んで九〇年代になると、農業の「新政策」として多面的機能とかいって自然環境などの要素を強調するようになるわけです。そういう地域の施策としては農業・林業だけではなく本当にいろんな仕掛けをやっていかないと食べていけない。しかし、農地をなくしても都市化する展望もさらさらない。その一方で、農地を崩してしまうとさらに取り返しつかないことになるのでなんとかしようとなる。農地の規制緩和、法制度的には主に農地法の仕組みがどう変わるのか、変わらないのか、といったことが中心的な問題ですが、どこに行っても根っこの問題は、農業という産業、地域の存続そのものという深刻なはなしです。地域の土地の保有の仕方、生業たる農業、それを支える担い手、都市の拡張、山林・農地の不在地主化やそれへの対応等といった課題がほぼ共通に見えてきます。

京都、滋賀と近隣を中心に結構回り、やや遠方にも出かけました。この研究会は二〇年近くやりました。現地に行くと、おいしいものも多いという付録もありましたが、勉強になりました。

バブル期になると　地方のかなり辺鄙なところに行っても、どこでもといっていいくらい西武資本などが土地を買ってゴルフ場をつくってくれる、ついでに飛行場もできる、東京からとんでくれば、ゴルフして日帰りだ、という話が蔓延していました。私たちは、農業・農村の課題・将来像のあり方を聞こうとしているのに、デベロッパーがなんとかしてくれそう、という話がでるのです。外から行ったわれわれからすれば、ほんとにそう考えてるのと大きなずれを感じたものです。外部への依存しかないという地域事情というか地域的感情が非常に強く、これに賭けるしかない、という感じでした。

そういう状況ですから、他方で内発的発展という発想の重要さをあらためて強く感じたりしました。私も地方自治の制度云々というところにあまり関心は向かなかったようで、むしろ地域振興策の課題が関心の中心だったかなという気もします。

3　地方の工夫――悪しき慣行かローカルルールか

参考になる地方独自の工夫ももちろんありました。森林組合が組合員の暮らしの維持に奔走している例、組合員すなわち地域住民ですが、がありました。これも法的問題というよりも、たまたま森林組合がその事業の中で、除雪とか道路整備を請け負い、そこに組合員を組み込むことにより、現金収入を確保して暮らしを維持するという地域振興事業です。お金が回る事業家的なアイデアで、今でいう地域運営組織のような役割の話かと思います。地元の人のアイデアと密着度、やっと絞り出した知恵、それで暮らしが維持される。この例では、町長だった人が森林組合長になり、行政からのお金を引き出すアイデアがぴったりとはまった。行政も森林組合だから、仕事を振りやすい、というわけです。

別の事例で、ある海浜の集落の話ですが、漁村地域で、平地が少ない。集落周辺の傾斜地は自給用の農業用地として使う。平地部分というか建築可能地を、お互いに制限して使う必要がある。そういうことから、集落内での慣行的取り決めというやり方が定着していて、各家の土地の持ち分・境界が決められている。こういう慣行は、土地が限定的な事情からみれば、合理的と考えられます。とすれば、都市部でも、都市周辺の農地でも、その地域の必要性に応じて、土地利用の条件である公共性が決まるはずだ。だから、こういった協定は、単なる慣行で済ますのではなく、条例とかでお墨付きを与えるべきではないか、となって議論しました。理論的には、条例制定権の限界や、憲法上の財産権の保障などに絡むネタなのですが、考えさせられました。

こういった慣行的協定を、近代化していない旧弊とみるか、地域独自の民主的ルールとみるか、個人の財産権も保護された状態とみるか、個人が解放されていない状態とみるか、突き詰めると大きな課題でもあります。いずれにせよ、地方自治制度では直接手が出ないような課題が自治の根底にはある、という実感をもったように思います。

憲法や民法上の財産権の法理論からして、制度としてみれば私的な協定に過ぎないことになり、地域全体にとっては法的安定性を欠くものです。漁業依存から脱却するにつれ、それまでの土地利用の状況も変化します。空き家・空き地の扱い等などで、隣地の利用を任されたりして一人が多くもつところも生まれ、土地の平均的利用状況が変わっていき、温泉が出て民宿が成功し結局力のある者に土地が集約していくような過程も現実に見てきました。

ローカルルールが法社会学において議論されるようになるのも、この頃だったでしょうか。こういった事例では、地域の有り様を支える地域ルールと一般的な法制度との乖離がつねに目の前に出てくるわけです。ただ、これ以上突っ込んできたわけではありません。

今挙げた例は、自治に関わるひとつの現象で、農林業や漁業が地域の大半という場合には、一定程度あてはまることでしょう。地域が主たる生業によって特徴付けられるモノに近いカルチャーの場合だろうと思います。つまり農地法と農業委員会制度は、モノカルチャーな世界では、自治そのものを象徴していた制度だろうというふうにも思います。

このような経過から、都市計画法を対象にしていたつもりが、興味は農村を中心にした地域振興の話になっていきました。地域とはいっても、農村と都市では仕掛けというか、分析する要素がずいぶん違う、どうもその基礎部分は土地・農地と農業という生業のあり方、これらの関係の在り方が決定的な要因かなと、考えるようになりました。

4 行政体の力量の影響

地域振興のもうひとつ主体の一つは、自治体行政です。もちろん農業者たる住民、居住者である住民が主体でもありますが、農地保全・農業の維持といった活動には、自治体行政と農協や農家組合などいろんな活動主体が絡んできます。行政主導、農協主導、集落主導など多様な形がありますが、結局、成果は自治体行政の力に比例するような印象ももちました。自治法的な制度というよりは、農水省の様々な法令ベースにした施策をどれだけ咀嚼しそれを上手に利用する能力、お金や援助を引き出す能力が鍵となる、といったようなことを実感しました。

しかし、国の施策に乗らない取り組み、規制緩和の流れでは対応しきれない地域独自の微細な取り組みも多いわけで、むしろそういった方向の方が、地場産業とかニッチで小規模な産品を保護し、集落程度の規模の地元を支えることになる、ということも多いわけです。そこに自治体の力量、自治体の力量というのは行政だけでなくそれに働きかけをする農家・住民に支えられるのですが、が如実に反映する。農地・農村調査は、農村の地域振興と土地利用規制という法的課題、そして自治のあり方が、直結しているということを実感する場であったかと思います。

四　大学院での協同研究と平成大合併雑感

1　共同研究で合併を課題に

二〇〇〇年に大学を移り学部も政策科学部所属となったのですが、ここでの大学院のゼミの授業は、リサーチ・プロジェクトという名称でやっています。ややゆるめの共通テーマをおいて、複数の教員が、院生とともに、ゼミを行う。ゼミの時間は、院生の報告もあるが教員が報告することもあり、毎回、教員同士の議論でかなり時間をさく。教員は四、五名ひと組で、三年くらいでシャッフルしますが、政治学、行政学、財政学、経済政策、社会学、場合によっては情報学、文化論の先生たちと組んだこともあります。二〇〇〇年からしばらくは分権改革に関連するテーマが続きました。全く予想しない角度から質問が来る、問題が提起される。法的な仕組みや成り行きには限定されないというか、話題にさえならないことも多々ありました。

平成の大合併の前後には、このグループで、主として京都府内の市町や京都府外ですが政令市を目指して周辺の統合を課題としていた中心市とそれに抵抗する隣接の町とかにもヒアリングに行きました。京都府内の中北部はほぼ行ったと思います。

2　地域事情の段差と地域感情

農村調査と同じところに一〇年から一五年後くらいに入ったことになります。昭和の大合併時に合併した旧村が、役所の所在に引っ張られて周辺が限界集落化する、トンネルができて交通の便がよくなったことによりかえって周辺が寂れるというストロー現象がみられたところが、これは農村調査の折にみていたことなのですが、さらに合併しようとする。住民が暮らしを継続するために、行財政効率とかだけで判断していいのかな、というのが、大都市部以外での感想です。また役場の所在場所の意味が大きいということもみられました。

一方で、行政職員というか自治体幹部の力量によって自治体の活力がまったく異なる、というのも実感でした。自治体幹部の対応というか、たぶんその裏に透けて見える能力や責任感などを、感じ取ることが面白い経験でした。その裏には、結局、自治体が裕福か貧しいか、ということが論点になる。合併という政治判断においては首長の誘導における力量も、結構、影響が大きいとも思っています。

政令都市化を合併によって果たそうとするところに行って聞くと、その対象となっている周辺で合併したがるところといやがるところがはっきり分かれる。お金のあるなしだけではなく、感情的なものも結構あるようで、地域事情というか、外からではわからない難しさがあるようでした。

京都府下ではありませんが、本州のある市と合併が問題になっている瀬戸内海の島に行ったことがあります。そこは伝統的に採石業で豊かなところです。島内の有力団体ということで採石業組合でもヒアリングしたのですが、島内の道路が痛んだとか街灯が壊れたとかの場合、町役場を通してやると時間がかかるので、資金豊富な採石業組合が全部お金を出してすぐにやっていた、というのが通例だったようです。合併すると、市役所を相手にしないといけないのは面倒や、とかという。役場がつじつま合わせをどのようにしていたのかまでは聞きませんでした。小さくて財政逼迫から合併せざるを得ないところがほとんどだったのと比べると、いろんなところがあると思ったものです。その島では、高校進学者に対して組合から祝い金がひとり一〇〇万円出たこともあったとか。大阪万博くらいの頃のようですが。訪問した頃にはそれでも三、四〇万円は出ていた、ということでした。別に合併したくもないということですが、結局、流れに乗って合併しました。

大合併では、こまごまと独自の努力をしていたことが、総じて軽く扱われるようになる、画一化されていく、ということが実感でした。

五　都市法研究

1　土地法から都市法へ——地域空間の法的捕捉

「都市法」にも関わっていました。というかもともと私の出発のテーマです。この分野は八〇年代までは、「土地法」研究というのが法律系での標準語だったと思います。有斐閣の法律学全集での表題は『土地法』（田中二郎著、一九六〇年）ですし、日本土地法学会は七〇年代はじめから出来てますし、八〇年代初頭には、渡辺洋三先生を中心にした『現代土地法の研究』（岩波書店、上一九八二年、下一九八三年）といった成果なども出されていました。八〇年代後半に五十嵐敬喜先生が『都市法』（ぎょうせい、一九八七年）を出された頃から、都市法という語も定着していったと思います。地域空間としての都市をトータルに見ていく、そこでの多様な法的課題を抽出するということです。

東大社研を中心に原田純孝、広渡清吾、戒能通厚さんたちで研究会がやられていて『現代の都市法』（東京大学出版会、一九九三年）という英米独仏の都市法の比較研究の成果が出版されました。その書評（社会科学研究（東京大学）四六巻四号、一九九五年）をしたことをきっかけでこれに参加させていただきました。九五年だったと思います。都市のあり方は、地域、住民、自治制度に関わってきます。これも大変勉強になりました。

都市法では、はじめは計画法から見ていたのですが、計画の法的コントロールという切り口からは、結局、関係住民がどのように参加ないしは異議申立てできるかが主たる関心になっていきます。農村、漁村、都市を含めて地域空間では、構成員＝住民とひとくちにいっても、都市住民でも多様だし、いまでは農村住民といっても農民ではない人も多い、というようにステークホルダーの多様性もあります。

都市法についてもやはり、農村法とももちろん共通しますが、地域独自の施策の策定・実施ということに目が行く。そのなかでも、住民の関わり方＝参加とか住民の権利とか、独自条例の制定とかが中心になっていきます。あとで少し述べようと思いますが、小さな公共の内容確定ということなのですが、地域の独自施策の難しさ＝当該地域の公共性を確定することの難しさが、ポイントになるという感想をもっています。

2　地域空間の制御と国法・人権

条例制定権そのものの話には入りませんが、それに関わって少しだけ気になることを話してみます。地域空間については、結局、国交省の土地利用計画規制をひな形にして、地方での土地利用規制は、それとの抵触が問題になることが多い。そこでは国交省的土地財産権の規制と保護の枠組みが決まっています。たとえば、地方自治体では、良好な居住地を形成するという目的で、最低敷地面積の要件を条例で決めたい、しかし、上乗せ規制になるから条例制定権の関係で直接の規制は出来ないから、指導で現場では動けるようにして、国交省から言われない程度に気をつかって実務をする、という形をとる。ところが、後に建設省その後国交省の方で、良質な住宅供給政策をはじめるとなると、もとの住宅建設計画に、のちの住生活基本計画に最低誘導面積とかいれてくるようになる。国の法定の計画のひとつの規準なので厳密な意味では法的規制とはいえないが、しかし行政指導としてはいいやすい。国の計画ですよ、というわけです。自治体としては、結果的に、最低敷地面積を、その線にしておけば指導もしやすいということから、右へならへとなっていきます。基準らしいものはできたが当初の地方が考えたものとは違うところも多くなります。地方の主導で地方独自の事情を読み込んだわけではありません。こういった事情は、分権改革の前後を問わず、変わらないのではないでしょうか。行政的関与とか法令的関与というかいわないかは別にして、法令に根拠があるが計画上での方針に過ぎず、直接の法令での規制ではないのです。

国と地方の権限の融合・競合については、個別事案、個別法令の分析がいる、地方独自の必要性が法的に許容される理由を整理する必要はずっと課題だろうと思います。条例制定を根拠づける地方特有の事由について、北村喜宣さんなど独自の法政策的事由を挙げる方がおられますが、そのとおりで地方が自前の公共性を判断できることが必要です。ところが司法・裁判になると制定法準拠で判断するので、地方からあるいは住民からの要望を通すルートは狭いか、ない、という事態も相変わらずです。

自治の根幹が確立しないというか崩されている、という点に関しては、地方制度の面もそうだろうけど、法理論、それも地方自治制度の法理論というより、個別実定法の中にある法理論をみるという違うアプローチも必要かな、と感じているところです。

3　地域空間に関わる住民の権利・利益

参加論についても、地域空間改変に係る場合、表現の自由を根拠とする参加と物理的に空間共有を根拠とする、根っこに土地財産権がありますが、そういった参加があるかと思っています。公共空間に関わる事柄に関して、底地の財産権者に参加を認める制度が多いのですが、財産権に連動させて個々人に分割して主張できる権利利益としてしまうと、公共空間において多様な利害をもつ人がみんなで関わるという性質が捨象されてしまうわけです。そういうことから、ひろく住民には地域空間に関わる「共通利益」があるのではと考えました。当初は共同利益といったこともあったのですが、共同利益とは異なって、個人に分割することのできない法的利益があるのではないか、といいたかったわけです。これの評判はよくない。見上の議論は社会学的事実の単なる指摘であって、法理論ではない、というふうにも批判されて、そう言われればそうだけど、と思いながらそれから先には進んでいない状況です。

この発想は、ある判例評釈（民商法雑誌九一巻六号一九八五年）をきっかけに漠然と感じていたことです。共同施行の土地改良事業の換地に関するものです。土地改良事業には組合施行とかいくつかの方式がありますが、その中の個人の共同施行の土地改良事業で、何人かの所有者による準備過程や協議を経て、最後の最後の換地計画の申請段階で、一人が同意しなかった。この換地計画が申請されれば、通例、ほぼそのまま決定になって、土地改良事業の手続が終了し、事業が行われるという仕組みです。この最後の段階になって、ここまで賛成してきた者に同意する義務があるか、ということが問題になりました。最高裁は同意義務はないというのですが、私は、プロセスの積み重ねを重視すべきで、この段階で拒否権のように一〇〇％の不同意の権利はなく、同意義務がある段階になっているとの判断がありうると批判的な意見を書きました。何人かがこの事件で判例批評を書いておられますが七対三か八対二で少数派でした。批判的意見が一人だったのではないのですが。関係者の合意プロセスのつみ重ねに意味があるのではないか、そういう制度なので、制度に乗っかっている以上、協議の積み重ねには一定の公共性があり、計画の進行プロセスからみれば、確認して次に進むとすれば、それまでの確認を尊重すべきで、何の理由もなくちゃぶ台返しのように最後にすべてを元に戻す拒否権のような力が個人、ここでは財産権にあるというのには、解釈論としても、あまり納得出来ないと考えたわけです。公共性を重視しすぎかな、とか、ひょっとすると自分は反動ではないかと思ったりもするが、土地に関する財産権をここまで重視するのか、絶対性といわれてはいるけれど。土地財産権はここまでオールマイティなのかと思いました。

地域空間に関して、底地の土地財産権は個人に帰属して、それは法的に保護される、という枠組はもちろん大切で、その大前提までくずすべきではないのでしょう。しかし地域の公共性、大きな公共性から小さな公共性まで、いわれているように大中小いろいろあり、また、公共性があると財産権に対して制約できることもあるわけです。その制約可能性をどの線で認定するかというと、最終的には立法か司法しかありません。そして司法は立法に従属します。しかし、立法では財産権保護が強力で地域住民に共通する利益などは立法化されない状況は続くので、いつまでたっても事情は変わらないということかな、と思います。

結局、地域に存在する公共性を司法的にどのように認めるか、は、個人の権利利益の認定に直結するので、機械的に過度に個人主義だと思われる財産権偏重の人権・権利の捉え方が司法過程において克服されなければ、先に進まないのではないかという考えるようになりました。

六　宿題

とりあえず、地方自治を斜めに見てきたことから地方自治について私にとっての課題のようなことを考えてみました。宿題としましたが、提出期限なし、です。すでに触れたことがあったり、相互に関連しあうので行ったり来たりしそうですが、おおまかに三つです。また、やってもいないことを一方的に課題だというだけになりそうです。

1　個別の法令における地方自治の位置づけ・扱い

二〇〇〇年分権改革は、行政的関与の整理をした、国地方の対等関係を前提にしてということでした。また、地方の担当する事務も法定受託事務と自治事務に整理しました。最近では、行政的関与が消えたかどうかの評価も芳しくはなく、法令上の権限行使における国の強さ、国の支配は変わらないというより強くなっているのではないかと感じています。ただ、これも、データとかとっているわけではなく、単なる感想に過ぎませんが。

国の省庁の縦割りの関与は、個別法令に則って行われるわけで、法定受託事務として法令通りにやってるのだから、理論上は地方自治の軽視とか無視という問題にはならない、というべきかもしれませんが、地方の実状と国の判断との乖離は相変わらず起こるようです。事務の区別は不明確なところがあり、国の意向が強くなるとか、国の行政機関の直接執行、法定受託事務が混在しているともいわれています。地方にお金もないのですが、法定受託事務では地方の裁量は少ない。個別の行政関与は消えたと、たて前ではなってるけど、事務・事業の執行での国地方の上下関係がそう変わっていないところも多いと感じます。

土地利用規制でみると、国交省的な土地利用規制、都市計画法に代表されるものと、農水省的な農村農地における土地利用規制とは、どうも原理・仕組みが違うように考えています。農地農村関係では、たとえば、いろんな経過があり変節してきたとの批判があるにせよ、農業委員会が関与する農地利用のように、現在の生業としての農業従事者という利用者の属性や、現に生業をしているかどうかを決定的な要因として、自治行政の中で判断に組み入れる仕組みをつくっていた。都市計画法では、用途の規制はあるが、現に商売として使っているか、どのような人がという属性まではみるシステムではない。営業については営業規制として別の仕組みになるか、土地利用について営業の現実的な有無自体は問題にならない構造になっている。建築の規制は、所有者・利用者の属性や利用の実態に関係なく主に用途からみて容積率・建ぺい率という外形標準によるわけです。

地域に直結する規制は、住民等の現実、生活実体も含めてそういう現実に即してみる必要もありますが、現行法制での空間管理や参加などに関しては、住民等の現実、生活実体といった点についての対応が十分ではないと思います。基礎自治体が、小規模で、住民全部を把握してこまめにみることができた時代には対応できたのかもしれませんが、自治体の規模がどんどん拡大する反面、狭域対応が課題になるとき、自治体でどこまでできるか法令の作り方からみていかないといけないのだろうと思います。

近年の地方創生とか森林経営管理法とかの施策では、一定、地方自治体に任せる部分はあるのだけれども、自治体に任されることは、もっともやっかいなことで、どうやるか手のつけようがない、あるいは国の指針も何もない、武器になるような権限も財源もない、おいしいところだけは民間に任せる、というのが目白押しになっています。たしかに、地方に委ねてはいるのだけれど、もともと国にはアイデアもお金もない、国の責任放棄、国がその政策から撤退しているようにみえる。地方に工夫の余地が生まれるのだといえばその点だけはそうかもしれないが、ということです。住生活基本法という法律があって、空き家対策・住み替え需要を一つの柱にした法律で、住生活全般の基本とは言いにくい法律なのですが、国から順次、基本計画をつくるしくみになっている。この基本計画から、公営住宅・福祉住宅は必須事項としては外れる。公営住宅がなくなったわけではないが、国の基本計画・都道府県の基本計画とおりていくシステムの中で、基礎自治体マターとして別枠になる。基礎自治体の裁量事項になってしまう。自治に任せたといえばいえそうではあるのですが、住生活の基本計画上での位置づけはなくなる。自治事務なので住生活との基本としてではなく別に自治体で決めろということです。

災害対応でも集権的構造という問題がいわれています。たとえば金井利之さんの『コロナ対策禍の国と自治体』（ちくま新書、二〇二一年）で、「コロナ禍」ではなく「コロナ対策禍の」といって「禍」の位置が違うところがミソですが、災害行政組織の集権化という指摘がされています。地方に委ねていいことも委ねていない。こんなところで国と地方が対抗しても意味はないわけで、実務的には補完・連携すべきところ、仕組みの作り方としては、過度の集権です。そして、集権的な施策展開によって、復興のプロセス自体が地元の希望や実状と乖離し、結局、大きな負担が災害のようにまた被災者にのしかかってくるという「復興災害」（塩崎賢明『復興〈災害〉』岩波新書、二〇一四年）が指摘されるわけです。

地方自治制度の大枠の議論というより、法定受託事務であっても各個別法に紛れている国・地方関係というか、自治の便宜的な利用、あるいは、未だに下請け的な事例がたくさんあるのではないか。そんなことはわかりきってるといえばわかりきってる話かもしれませんが、きちんと検討すべきものが多いと思っています。

行政法の講義でも、ロースクールの発足後はとくにですが、各論というものがなくなっていきました。個別法は膨大で、講義で各論などやる余裕がないことと、手続法と救済法に関する法整備と判例や理論の蓄積が進んだので、これを講義するので手一杯になったということです。総論の骨格としてはそれでいいのだろうけど、行政作用が多様なことに比べて、ほんとに多様な仕組みの中で、個別課題とともに自治も埋没しているのではないかと思います。思うだけで、ちゃんと分析もしてないが、個別法の自治的観点からの検討がいるように思うに至ったところです。

2 「地方自治の本旨」

憲法第九二条の「地方公共団体の組織及び運営に関する事項」を限定的に読む必要はなく、地方行政全般にかかると読めば良いのでしょう。ただ、そう読んでも、具体の作用の中で地方自治がどう扱われるかについての憲法規範的な意味は実はよくわからない。憲法第九二条自体、難解な文章だという指摘もあります。地方自治制度との関係での「地方自治の本旨」の議論はあって、「住民自治」と「団体自治」の二つ要素からなるとかという古典的な理解は、地方自治制度のつくりかたの規範ではあっても、個別の行政法規における執行プロセスでの国・地方関係にはあまり生きてこないのではないか、という疑問を感じています。たぶん、古典的な地方と国の対立を想定した上での制度的な地方自治尊重の宣言だろうという気がしてなりません。国と地方の融合とか、補完性の原理とかが云々されるような今日の実態にはあわないのではないでしょうか。

憲法上は「地方自治の本旨」が地方行政に関わる立法を制御する唯一の規準だろうと思うのですが、法律で決めてしまえば、国の権限、地方の権限は決まってしまいます。しかし、具体的な案件においては、地方の責任か国の責任かが争点になる事例は多い。国と地方が連携すべき事例も多く、実際にはそう動いているのが通例でしょう。国・地方の融合関係です。しかし、もめたときに、法令の決め方が地方自治を侵害しているという主張は規範的にはしにくい。地方自治法一条の二を読んでもどうもはっきりしません。

こういった点から、あらためて「地方自治の本旨」という憲法上の要請は、具体的な個別の行政執行プロセスではどこまで有効なのか、よくわかりません。村上順さんが、「地方自治の本旨」を住民の生活レベルまで落とし込んで、東京都公害防止条例の掲げる「健康で安全かつ快適なくらし」を実現すること、と解するとされていて、ひとつの案としてまったく同感です。しかし、現状では一般化してはいないところです。

地方自治は、住民により密着した小さい地域のあり方に対応していかなければならないので、地方自治の本旨、とは、組織編成に限定せず、まず下から、たとえば、地域利益の優先とまで言わなくても、少なくとも「地域利益の尊重」とか、「現場の住民意思の尊重」とかといった原則的確認ができるといいのではないか、先に挙げた「『健康で安全かつ快適なくらし』を実現すること」といったことも入れるべきでしょうか。地方が全面的に優先すればいいとも思いませんが、少なくとも国と対等に渡り合える根拠がいる。それが法律をも拘束する憲法的規範であるべきかなと思っています。これもほとんど感想ですが。

3　狭域対応（小さな公共）

①焦点としての狭域

最後は、現実的な地方自治の展開に関して、とくに感じていることです。それは、地方自治に関して、すでに多くの指摘があるように、狭域、「小さな公共」が焦点になっていること、そして、その関連で財産権をはじめ権利規制の理由となる公共性の確定・認定の問題が重要な課題であると考えています。

本学会でも取りあげた自治体戦略二〇四〇、地域自治組織のあり方に関する研究会報告書など、機能的自治とか新しい地域自治組織、地域運営組織に関する議論があります。また、土地利用計画の分野では、研究会からですが都市計画法の枠組み法化の提唱、政策としては立地適正化計画やコンパクトシティ構想も一応含めておきましょう。農村政策では、今年に入ってからですが、「農村地域づくり事業体」農村ＲＭＯと略していますが、といった提案が、出てきています。これらについては、背景も異なり、評価も多様で、批判的な検討も多々ありますが、内容の評価はとりあえず措いておくとして、こういった動向に共通するところがあるかと思います。つまり、狭域、地方自治体の枠より狭い地域について、そこでのある種の組織的でかつ自治的な活動に、あるいは、諸活動の機能的な組み合わせに一定の意味をもたせようとする、という点です。自治制度の枠組みは、大合併などで機能不全であるということはたびたびいわれてきていますが、それだけでなく個別法令に根拠をもつ、各政策遂行を担う省庁の狭域部分に対する施策、都市計画法とか農地関係法などにおいて機能不全が起きていることも確かだろうと思います。これは平成の大合併による広域化以降に動きが大きくなるのですが、それ以前からの動きもあって、大合併だけが主因なのかどうか、どうもそれだけではないように思っています。狭域対応の視点から整理、検証がいると思います。

②小さな公共と人権論

日本の近代化の中で、個人の権利の保障というか確立は確かに重要ではあったけれど、地域において近隣との調和を図るという要素が軽んじられてきたといえるのではないかと思います。狭域関係を見る視点が希薄化していっているということで、自治の尊重に対してガバメントの効率化が重視されていく関係と同じかなとか、最近とくに思うのです。

狭域が関心事なると、そこでは土地利用、空間利用の自由と規制の問題にぶつかるわけです。農地農村問題でも、都市法領域でも、地域空間のマネージメントの根本にあるのが、土地所有、土地財産権の問題で、最後は個人の財産権、経済的自由の主張に重きが置かれるということになります。

先に紹介した漁村での土地利用実践などの例からみると、地域慣行の実践が意味をもっていました。しかし、制度的・理論的には単なる慣行に過ぎません。財産権の個人主義的な重視と、地域に共通する公共性の軽視は実は根が同じだろう、というふうに思っています。法社会学者の楜澤能生さんは、近代化の過程のなかの西洋法の継受について、もともと「むら」の共同性の中に埋め込まれていた耕作地の私的所有権が、権利の主体と客体の関係が具体的に特定されない、抽象的観念的な関係として構成され、非常に強い権利になったと批判的に指摘しています。財産権の過度の個人主義的理論化が、財産権を取り巻く公共性を省みなくなったということですね。楜澤さんは、西洋法が「進んでいる」としてほぼ無条件のように法の継受をした考えを厳しく批判しています。さきにお話しした、財産権をオールマイティなものととらえることで良いのか、という問題になるわけです。

学生のときから数十年にわたって、近代化イコール進歩的、そして近代化の中で個人個人の権利の確立の価値は揺るぎもない、個人の権利に対する集団的な制約は封建制の遺制で排除すべき、と思ってきたところ、どうもこのような単純化自体を検討すべき、あるいは反省すべきところがあるとか、この歳になって、課題は増える一方です。

小さな公共とかに光があたってきてはいますが、どのように確定するかが難問です。私は、自治や参加のあり方に関連しますが、権利論・人権論からのツメがポイントであるように思っています。公共性のいろんなレベルでの確認ということになるのだろうが、法的問題になって裁判になると、個人の財産権などの実定法上の権利に収斂し、近隣やみんなでやってきたことなどは、法令で明示されてないために、一切考慮されない。土地利用規制の分野で「計画無ければ開発なし」の原則確認が必要だという議論がされます。わが国ではこれがない。ただ、農地農村分野では、農地法の転用規制が、この計画の役割をしていた、という指摘があります。そして農業委員会という現場密着型の自律的組織が具体的に確認をしていたと考えることができます。しかし、純農村というモノカルチャーな世界がくずれてきて、変化せざるをえなくなる。それだけではなく政策的にこういった現場に即した自治的な制度は解体さてきたわけです。小さな公共を形成・確認する制度は出来ないままでいます。そして財産権、経済的自由権が公共性を形成・確認する際にむしろ障害になるかの現象もあります。先ほど述べた「地方自治の本旨」のカバーする範囲にも重なりますが、自治の内実を支える憲法規範もみえない、ということが気になります。

③狭域を考える要点——具体的な住民像の視点

いずれにせよ、地域の自治的な動きについて、制度は機能不全を起こしているとみるべきで、機能不全は、二面あるように思います。ひとつは、国地方関係とか広域行政制度とかの枠組みを中心にした地方制度の問題。もう一つはより小さい地域、狭域の自治問題だろうと思います。背景としては、少子化とか首都圏集中とか二〇四〇年問題とか、公共私の分裂と融合とか諸相があるけれど、結局、生活レベルの人の動きに対応するところがなくなっていってる。基礎自治体の市町村自体が個々人のきめ細かい事柄について面倒を見切れない制度になっている。課題はそういうところでいっぱい生じているように思います。私の個人的関心もこういったことに向いているところです。

このこととの関連で、ここでの多くの方になじみのなさそうな、農村ＲＭＯというのを少しだけお話しします。農村部について新「食料・農業・農村基本計画」（二〇二〇年）がつくられ、その施策構想のなかで少子化を見据えつつそれの実施主体の一つとして「農村地域づくり事業体」が提案されています（二〇二一年六月農水省内での検討会）。農村ＲＭＯとは「農村地域づくり事業体」のことで、その内容は「農業生産活動に取り組みつつ、農業以外の事業にも取り組む者（農村マルチワーカー、半農半Ｘ実践者）、地域資源の保全・活用や農業振興と併せて買い物・子育て支援等地域コミュニティの維持に資する取組」とされています。

農水省の報告書では地方自治に関して論じられている地域自治組織か地域運営組織かはっきりしませんが、ＮＰＯ法人とか農事組合法人とか認可地縁団体といった形態が想定される、というふうに書いてあります。農村の活性化の仕掛けとして、農村地域空間を対象に地域振興を任せるという意味もあるので、こういう自発的団体は重要だとは思いますが、地域全体、とくに地方自治制度との関係で考えると、勝手にやれといっておけばすむものでもないのでしょう。ＢＩＤのような都市の地域自治組織では、不動産所有者が地域空間を支配するかのような構造になるのですが、農村ＲＭＯの場合、土地所有者だけではなく、農業者、農関連業務、居住者など関係者が多様です。ＢＩＤ以上に地域空間に関わるあれこれの人たちが根こそぎ関わることが想定されます。機能的自治論・「新しい地域自治組織論」に対する批判、公務の産業化やある利益の特権化など、実態は多様だろうと予想しますが、組織編成をどうするのか、多様な関係者が存在するなかで民主性をどのように組み込むかという問題はやはり大きいと思います。

いずれにせよ、農村共同体・地域を支える共同体が、自治体の境界とは異なる範囲で必要であることは確かで、身近なところに丁寧に対応するシステムというか、行政と組合や農民集団、自治会などもそうでしょうが、自生的秩序というか、協力・協働で成り立っていたシステムがとっくに崩壊しているなか、それに代わるものをつくらないといけない、こういった組織を政策的・作為的につくらないといけない、という議論です。農村では、都会と違って金儲けの手段として私的団体に管理などを委ねることにはなじみにくい反面、こういう組織をつくらないと、地域の維持そのものがしっくりいかないという深刻さのあらわれでもあると思います。

もっとも難しいところは、こういう事業体では、地域の存続と産業、住民レベルでいうと生業を組み合わせなければならない、と同時に多様性をも見据えつつ、という話です。人権論レベルでみると、一般的なレベルでの財産権、経済的自由権の保障にとどまらず、どういう財産権の保有の仕方か、農地か宅地か、とか集落との関係とか、どういう経済的自由が関わるのか、どういう生業かを具体的にみないといけない。住所のみで住民として捕捉するのでは不十分で、どういう住民か、どのような生業が展開されているのかを関係づけることが重要だと考えます。同じ地域空間を共有することから、自然環境を保全する、生産活動もする、さらに、多様な生業が関わり、いわゆる農民だけではなく、居住だけの人にも関わると、レベルの異なる権利利益を総合的に斟酌しないといけないわけです。そういう判断が出来る地域の自治主体、運営主体あるいは共同体を考えざるを得ない。コミュニティ論とかアソシエーション論とかにも関連するのでしょう。多様な権利利益を、一般的にではなく具体的に考慮し、公共的に認め合うシステムがいる、ということだろう思います。公共的にこういった内容をコントロールするためには、組織化というか諸利益の関係づけ、ネットワーク化が必要だろうと思います。

農村ＲＭＯのような例から考えると、人権の制約原理としての公共性という大きな一般的視点ではなく、人権をその場で具体的に活かしていくための公共性の形成・確認のシステムを、少しでも現場に近いところで、どう生み出すかが焦点になってくるだろうと思います。こういった意味で、人権論と関連づけて狭域の小さな公共性を詰めていくことが、法理論の課題だと考えるようになっているところです。狭域対応、住民および利害関係者が関われる形の狭域対応、とりわけ基盤となる土地利用で、外形標準だけでなく地域の独自事情をいかすような形ができれば、自治にとっての基礎的な条件が確保されることになるのではないかと思います。多様な関係者が関わることができ、民主的統制のシステムが工夫できれば、少し期待がないでもないと感じているところです。

七　おわりに

時間が来ています。考えなければならないと思っている課題の羅列に終始し、また、不勉強で、おまえの言うようなことはとっくに議論がされてて、問題にさえならない、ということであったかもしれません。「地方自治の周辺」どころか「地方自治の入り口も見つからず」ウロウロしてきたに過ぎない話だったかと思います。ご静聴ありがとうございました。(1)

（みかみ　たかひろ・行政法）

注

（1）本稿は学会時の報告に若干の加筆修正をしたものである。

Ⅱ　地方自治をめぐる今日的課題

1　新型コロナ感染対策の法的課題（要請・命令・制裁）

稲葉一将
（名古屋大学）

はじめに―本稿の趣旨―

本稿は、二〇二一年度の本学会において企画された共通論題Ⅰ「新型コロナウイルス危機と自治体」に、筆者が行政法学の観点からの一つの接近を試みた報告内容を述べるものである。ただし、学会当日における質疑の追記も企図されている。

さて、共通論題とくにその「危機」の捉え方は様々ありうると思われるが、筆者は「新型コロナウイルス危機」を、コロナ禍における国の「対策」にあらわれた統治の次元での「危機」としてこれを捉えようとしてきた。[1] なぜなら、重症化の程度は異なったがいずれも感染力が強いこのウイルスには誰でも感染する可能性があるので、生命の尊重や健康な生活保障等の日本国憲法が定める人権を保障するために存在する国がその責任を果たすべきであるが、この責任が国民の行動「自粛」へと転嫁された後で、さらに国民に義務を課し、過料に処す内容の立法的「対策」（二〇二一年二月三日に公布され、同月一三日に施行された新型インフルエンザ等対策特別措置法等の一部を改正する法律（二〇二一年法律第五号）のこと。）が行われた経緯を眺めると、そこには人権保障とは異質の秩序維持行政への後退あるいは新たなそれへの飛躍という特徴があらわれたように、筆者には感じられたからである。後退または新たな飛躍のいずれにせよ、国の民主主義的応答性が希薄にならざるをえない。

しかし、国の民主主義的応答性が希薄になれば、この意味での「危機」は、国と健全に対立するべき地方自治が存在理由を発揮できる「好機」でもあるといえよう。この存在理由とは何か、「好機」とは何か、そして「好機」であるとしてもこれを地方自治体が実現できる諸条件の有無が問われる。ここには地方財政といった制度に加えて住民や地方公務員の意識といった捉えるのが難しいものまで複数の異なる次元の問題が含まれているが、本稿は、問題を限定して、まず国の法制度を確認し、次に主として人権の尊重を目的に掲げて制定された条例の特徴を検討素材とすることで、論題の「法的課題」を考察しようとするものである。

一 「新型コロナ感染対策」に関する法制度

1 二〇二一年二月の法改正による義務と制裁の強化

(1) 関連する法制度

「新型コロナ感染対策」に関する法制度には、感染症の予防及び感染症の患者に対する医療に関する法律（一九九八年法律第一一四号。以下、「感染症法」と略す。）、予防接種法（一九四八年法律第六八号）および検疫法（一九五一年法律第二〇一号）が制定されているが、ここに新型インフルエンザ等対策特別措置法（二〇一二年法律第三一号。以下、「特措法」と略す。）が加わる。本稿は、法律と地方自治体の独自「対策」の関係といった地方自治の問題が比較的あらわれやすいと考えられる感染症法と特措法を検討の素材とする。

以上の法律とは別に地方自治体が独自に条例を制定している例もあり、この場合には法律と条例の関係（上乗せ・横出し）が問題となってくる。ここは法律と条例の関係を一般的に述べるところではないので、これについては先行研究の成果を参照するにとどまるが[2]、地方自治法の条文に即して確認するのであれば、地方自治法（一九四七年法律第六七号）一条の二第一項に定められた「住民の福祉の増進を図る」ことを基本として「地域における行政」を実施する役割を有する地方自治体が、「地域における事務」（同法二条二項）に関して条例を制定することができる（同法一四条一項）。したがって、「新型コロナ感染対策」においても、この「対策」自体が「住民の福祉」に密接に関連するとともに、「地域」性を反映する条例が制定された。

たとえば、石垣市新型コロナウイルス感染症等対策条例（二〇二〇年条例第二二号）三条は、「離島という特性」に鑑み、「空港、港湾における水際対策」等の措置が適切に実施されるよう留意すると定めた。この規定に反映されたと解されるのは、離島という同市の地域性である。

右の例のように地域性を反映したと解される条例も制定されたが、多くの条例は、地域性という差異を含みながらも、むしろ地方自治体、住民および民間事業者の一般的な責務を定めたところにおいて共通点がある[3]。しかし、全般的には共通点が含まれているといっても、本稿の論題に含まれている「要請」等の個々の行政活動に即して検討すると、そこにはやはりそれぞれの地方自治体の個性や条例の差異も発見されてくる。そして個々の条例との対比によって、法律の特徴も一層はっきりと浮かび上がってくる。以下、このことを述べてみよう。

(2)「要請」の多様な根拠と内容

特措法に基づく「要請」には、①都道府県対策本部長の権限（同法二四条九項）、②まん延防止等重点措置の一種（同法三一条の六第一項・二項）、③緊急事態宣言が公示されている場合の措置の一種（同法四五条一項・二項）が、区別される。①から③のいずれも第一号法定受託事務であるが、地方自治体は同法に基づき事務処理を行うだけではなく、ここに独自の「対策」が加わる場合もある。(4)

その一例として愛知県は、愛知県新型コロナウイルス感染症対策推進条例（二〇二〇年条例第四六号）を制定した。特措法一五条一項に基づき政府対策本部が設置されていない（したがって、同法二二条一項に基づき都道府県対策本部も設置されていない。）場合には、条例七条一項に基づき必要があれば条例対策本部を設置して、八条一項に基づき条例対策本部長は、施設の使用制限等の「協力を求める」ことができる。また九条一項に基づき、条例対策本部長または法対策本部長（知事が特措法二二条一項に基づき設置する都道府県対策本部の長のこと。）は「愛知県緊急事態宣言」を発出することができる。このように、愛知県条例は特措法に基づく都道府県対策本部とは別に、これが設置されていない場合においても、条例に基づく条例対策本部を設置するための根拠を条例に定めた。

実際の運用がどのようなものであったのかについては、国の緊急事態宣言との関係を確認することで比較的容易にその特徴が理解できるように思われる。そこで時間を若干さかのぼると、二〇二一年九月三〇日に国の緊急事態宣言期間が終了して、特措法の根拠が右に述べた③から①へと変化した後には、同年一〇月一日から一七日まで「厳重警戒措置」の名称での営業時間短縮等を内容とする感染防止対策の手段が示され、同年一〇月一八日以降は「警戒領域」の名称でのマスク着用等を内容とする感染防止対策の手段が示された。(5) これらの対策は前述した「愛知県緊急事態宣言」とは異なり、愛知県条例の根拠規定がないまま行われたので、法的根拠は条例ではなく特措法二四条九項であったと解することになろう。しかし、住民が自らの手で地域のルールを定めるという意味での法治主義の観点からは、「厳重警戒措置」や「警戒領域」という名称での県独自の「対策」は、条例に（作用法上の）根拠が定められるべきであったのではないか、という問題を提起することもできよう。[6]

それでは「要請」もその一種であると解される行政指導の（作用法上の）根拠を定めた条例は、どのような特徴を有するのであろうか。その一例として、和歌山県新型コロナウイルス感染症に係る誹謗中傷等対策に関する条例（二〇二〇年条例第六四号）は、「新型コロナウイルス感染症に係る誹謗中傷等を行った者」（八条一項）に対して、「誹謗中傷等を行わないこと及び提供情報を削除すること」を「勧告するものとする」（同条三項）と定めた。この「勧告」の目的が誹謗中傷等の既に行われた行為から個々の住民を保護するところは、注目されてよい。なぜなら、感染者に対する治療による人権保障とは異なるものの、これも一般的な秩序維持とは異なり、住民の人権保障をその目的（一条）とする点では共通するからである。

ただし本条例を含む、これと同様の目的を掲げて制定された条例は、目的が正当であるとしても、自由であるべき言論空間を過剰に制約するものとして機能しなかったのかも懸念されてくるので、その傾向と意義については、後述（二1⑵）する。

なお右の「勧告」は、「誹謗中傷等を行った者」に対して行われる行政活動のみが授権されたので、インターネットサイトの管理者等の「誹謗中傷等を行った者」以外の者に対する削除の「要請」は、（作用法上の根拠という意味での）条例によって授権されていない。ただし、（作用法上の）根拠はないものの和歌山県条例四条一項の責務規定（県は、新型コロナウイルス感染症に係る誹謗中傷等をなくすために必要な施策を講ずるものとする。）を根拠とする削除の「要請」が許容されえないのか否かは、なお問題となりうる。なぜなら、（作用法上の）根拠を欠く「要請」は、前述した法治主義の観点からこれに接近する場合には原則的に行われるべきではないと評価される行政活動であるが、しかし、情報の送受信は県の区域内にとどまらないから、条例が適用されない県外事業者も含めてインターネットサイトの管理者等の主体に対して、県の責務を果たすべき場合を想定できないとまではいえない。ここでも条例による授権とコントロールが課題となるが、誹謗中傷等を行った者に対する「勧告」とは別に、県と、県条例が適用されない区域外の主体（民間事業者だけではなく、国や他の地方自治体の関係機関も含まれる。）との連携や協働という観点からの規定内容の充実という方向での法整備が適切であろう。(7)

(3)命令と制裁

二〇二一年二月の法改正によって、特措法は、まん延防止等重点措置を新設し、営業時間の変更等の要請、要請に応じない場合の「命令」、「命令」に違反した場合の二〇万円以下の「過料」を定めた（同法三一条の六第三項、八〇条一号）。また、緊急事態宣言期間における施設の使用制限等の要請に応じない場合の「命令」、「命令」に違反した場合の三〇万円以下の「過料」を定めた（同法四五条三項、七九条）。

感染症法は、入院した者が入院の期間中に逃げたとき、または正当な理由がなく入院しなかったときには、五〇万円以下の「過料」を定めた（同法八〇条）。同法は、入院を義務づける行政活動（法行為）としての「命令」を定めなかったが、過料が新設されたことの意義の認識が学説において問われた。(8)たとえば、即時強制の性格を有すると考えられていた入院措置（同法一九条三項）であったが、入院措置の通知を受けた者に入院義務が課されると理解するものもある。(9)ここは感染症法の立ち入った考察を試みるところではないが、入院の勧告を受けた感染者の患者が安心して入院できない事情があるから、入院措置が必要となってくる。この場合であっても同法は、二二条の二の規定がそうであるように、「人権尊重の観点」から「最小限度の措置」を要請する法規範であると理解されていた(10)。このような同法に多額の過料が新設されたことによって、感染症法の、医療法から警察法への変質が危惧されるのである(11)。

なお、目的または機能の次元の違いはともかく、事実の公表も制裁目的を有する制度として定められ、あるいは制裁目的を有しない制度であっても、社会関係において制裁的に機能する場合もある。特措法上の要請または命令が行われたときには、同法三一条の六第五項および四五条五項に基づき、「その旨を公表することができる」と定められた。この規定の仕方は事実の「公表」であって、これを制裁目的のものとは解しえない(12)。これに対して、感染症法一六条の二第三項は、「医療関係者」等の者への「必要な協力」の「求め」に応じなかった者に対して協力するように求める「勧告」（同条二項）を受けた者が、「正当な理由がなく」、「勧告に従わなかったとき」は、「その旨を公表することができる」と定めた。公表内容には勧告不服従の事実に加えて「正当な理由」がないと判断した理由も含まれるので、この場合の「公表」は、勧告不服従という行為が正当でないという趣旨を含むもの、つまりは制裁的性格を有するものとして定められたと解される。しかし、病床不足の原因は様々な認識が存在するところで、このような制裁的性格を有する「公表」が新設されたのである。国が責任を果たすために公金を支出して体育館等に臨時の医療施設を設けるといった複数の政策的選択肢の存在に加えて、法学の観点からは「医療関係者」等の主体が有する専門性の尊重が要請されてくるので、制裁的性格を有する「公表」でもって病床確保が見込まれうるという国の立法的「対策」は、政策的観点から生まれてくる疑問

に加えて、医療の専門性が尊重どころか制約される可能性すら危惧されるものであって、正当性は疑わしい。(13)

勧告とこれへの不服従の後に「公表」が定められたという点では、感染症法一六条の二第三項と同じであるが、弥彦村新型ウイルス感染症患者等の人権保護条例（二〇二〇年条例第一八号）は、三条（「感染症患者等」に対する不当な差別等の人権侵害をしてはならない。）に違反した者に対して必要な措置を講ずるように求める勧告が行われ、この勧告を受けた者がこれに「従わなかったとき」は、長が「その旨を公表することができる」（八条二項）と定めた。感染症法の場合とは異なり、不当な差別等の人権侵害行為を禁止するという目的は、一般的には正当であると評価できる。ただし、不当な差別等の人権侵害行為の多くが新型コロナウイルス感染症への誤解に基づいて行われがちであれば、住民が誰でも感染しうるので、不当な差別等の行為が正しくないという啓発に必要な範囲内で、このために不可欠の事実関係を住民に情報提供する制度趣旨であることを明確にするような条例の定め方が望ましいと思われる。

2　問われる人権と行政

(1) 法改正による義務と制裁の強化という方向性

以上で述べたように二〇二一年二月の法改正は、特措法および感染症法のいずれにおいても国民の義務と制裁を強化する方向性を有するものであって、水平的な社会関係の一部が国家の立法によって「法化」するという特徴が示されたのである。その正当性が問われてくるのは当然のことであるが、たとえば感染症法の改正に関しては、「人権」の「尊重」（同法二条）よりも、むしろ入院を拒否した等の者への過料や「医療関係者」等の者が勧告に従わなかった旨の公表といった制裁の性格を有する規定が新設されたことで、医療法から警察法への後退が懸念される。(14) その一方で、改正された特措法一三条二項は、患者等の者が差別的取扱い等を受けることのないようにするための「人権」の「尊重」を新たに定めたのも事実である。しかし、この法改正は差別的取扱い等を禁止する法制度を定めなかったので、「相談支援」等の手段が定められるにとどまった。

生命の尊重や健康な生活保障に関する権利性が希薄なまま、国民の義務と制裁を強化した法改正は、一様ではないが地方自治体にも影響が及んだ。そこには、改正特措法四五条三項に基づく命令や同法七九条が定める過料の通知事務を処理した東京都のような地方自治体もあったが、その後、国家賠償請求等の訴訟が提起されて、違法判決（東京地判令和四年五月一六日判時二五三〇号五頁）の例もあらわれた。以上のような法改正とこれを執行した地方自治体の動向を眺めていると、行動「自粛」やワクチン接種への国民の不満が、命令を受け過料に処された者に対する誹謗中傷等の行為へと転化するという構造が形成されてきていると思われる一方で、(15) 右の違法判決のような法現象も生まれている。

(2)生命の尊重と健康な生活保障という人権保障の要請

感染症法の前文では、「感染症の患者等に対するいわれのない差別や偏見が存在したという事実を重く受け止め、これを教訓として今後に生かす」、また「感染症の患者等の人権を尊重」すると定められており、特措法の目的も「国民の生命及び健康を保護」（同法一条）することである。さらに、法律の上位に位置する最高法規である日本国憲法は、「生命」の「尊重」（一三条）とともに「健康」な「生活を営む権利」（二五条一項）を保障している。

右のような諸規定は、「新型コロナ感染対策」においても、誰でもどこでも感染しうるという事実の共有から出発して、患者はもちろんのこと誰であっても生命の尊重や健康な生活保障等の人権が保障されるべきであるという規範的要請を表現したものと解される。そこでは、(1)で述べたような内容の法改正が、この規範的要請に応答したものであるのか、それともこれとは異質の性格を有するものであるのか否かが、鋭く問われてくる。そして国の立法的「対策」に対するこのような疑問は、国とは異なる地方自治の実践が生まれる契機でもある。

二 「新型コロナ感染対策」にあらわれた地方自治の現状と課題

1 条例の傾向と特徴

(1)上乗せ条例の許容性が争点化しなかったことの意味

「二」では、国の「新型コロナ感染対策」の特徴を、若干の条例にも言及しながら確認しようとしたが、国民の義務と制裁を強化する方向性を示したそれとの関係で、地方自治体は、どのような条例を制定することによって「対策」を講じてきたのであろうか。

条例はその多くが地方自治体の責務や組織を定めるものであって、また行政活動の授権も勧告や公表までで、これらに加えて命令等の法行為や罰則等の制裁が定められてこなかった。全般的には、法律が定める項目について法律よりも厳しい基準や態様の規定を置く上乗せ条例の許容性が国と地方自治体の間で争われるという法現象は、生まれなかった。ここには二つの意味があったように思われる。その第一は、地方自治体も国民に行動「自粛」を要請するという国の「新型コロナ感染対策」と基本的には同じ方向性を有したことの消極的な意味である。住民に課せられる行動制限を国よりも厳しいものとする反面、地方自治体の責任や義務も明確化するという方向性がありえなかったとまでは断言できない。

しかし第二に、国の「新型コロナ感染対策」は、二〇二一年二月の法改正によって国民の義務や制裁を強化するという方向性を有したが、これに対する前述（一2(2)）したような疑問が正当性を有するのであれば、ここに住民の義務を上乗せしなかったことには積極的な意味も発見されてくる。むしろ地方自治体にとっての要検討事項は、国の「新型コロナ感染対策」が地域に生むこととなる問題への「対策」となり、これを横出し条例というのであれば、法律が定めていない項目について規定を設ける必要性が地方自治体にとっての要検討事項であったと、論理的にはいえよう。

その横出し条例に関しては、二〇二一年二月の改正前には特措法が定めていなかった誹謗中傷等の人権侵害の防止を内容とする条例が、相対的には多数制定された。本件とは事実関係が異なり、また地方分権改革以前の判決であったとしても、徳島市公安条例事件最高裁判決（最判昭和五〇年九月一〇日刑集二九巻八号四八九頁）が、ある事項について国の法令中にこれを「規律する明文の規定がない場合でも」、当該法令が、規制することなく「放置すべきものとする趣旨」であると解される場合には、これについて規律を設ける条例の規定は当該法令に違反すると判示したことも考慮すべきであろう。この枠組みにおいて特措法の趣旨を考察する場合には、法改正前から「国民の生命及び健康を保護」（同法一条）することを目的としていた同法がそれぞれの地域における誹謗中傷等の人権侵害を防止することなく「放置すべきものとする趣旨」であったとは解しがたい。実際に、二〇二一年二月に改正された特措法一三条二項は、患者等が差別的取扱い等を受けることのないようにするための「人権」の「尊重」を新たに定めた経緯がある。むしろ、特措法の改正前に誹謗中傷等の人権侵害を防止する趣旨や目的で定められていた条例は、特措法に違反するどころか、同法に先行して「対策」を講じていたものと積極的に評価できよう。

⑵誹謗中傷等の人権侵害を防止する目的を有する条例の特徴

それでは、誹謗中傷等の人権侵害を防止するという目的を掲げて制定された条例は、どのような特徴を有するものであろうか。まず、これらの人権侵害から保護されるべき住民の定義について確認してみよう。定義の一例として、加西市感染症の影響を受ける市民等の人権擁護に関する条例（二〇二一年条例第一二号）は、「感染症の影響を受ける市民等」に、感染者や接触者およびその家族のほかに、医療福祉等の業務や輸送販売等の業務に従事した者、訪日外国人等も加えた（二条二号）。加西市条例が公布されたのは特措法が改正された後の二〇二一年四月二六日であったが、その前文においては「ハンセン病等について過去の経緯から様々なことを学んできた歴史」があるので「過去の差別・偏見の歴史から学んだことを生かして」、本条例を制定するという趣旨が述べられた。特措法一三条二項が定める「新型インフルエンザ等患者等」と比べると、加西市条例の「感染症の影響を受ける市民等」は、比較的広範かつ具体的な規定となっているところに特徴がある。

次に、誹謗中傷等の人権侵害を防止するという目的を掲げて制定された条例は、その規定の態様において改正特措法一三条二項とは異なるところがある。その一例として、美郷町新型コロナウイルス感染症感染者等の差別、偏見等防止条例（二〇二〇年条例第二二号）は、「感染者等」（二条二号）からの「人権侵害行為」の「防止又は救済を図ることを求める申出」を受けて、町長が「啓発、調査その他の適切な措置を講ずる」（七条一項）ものとし、「人権侵害行為の概要及び講じた措置を公表できる」（同条三項）と定めた。特措法とは異なり、「感染者等」の住民からの「申出」が定められたのである。

明石市新型コロナウイルス感染症の患者等に対する支援及び差別禁止に関する条例（二〇二一年条例第三号）には、差別禁止だけではなく、患者等への「総合的支援」（第二章）もその目的および内容に含まれる。中核市に移行した同市は、保健所設置市（感染症法一二条一項、六四条一項）として事務を処理するが、明石市条例において、「市は、感染症法第八〇条又は第八一条の規定にかかわらず、これらの条に規定する行為を行った市民の事情等に配慮し、寄り添いながら支援を実施するものとする」（五条六項）と定められた。

右に紹介したような条例による「対策」をどのように評価すべきであろうか。誰でもどこでも感染しうるという前提で感染者等の国民の生命の尊重と健康な生活保障という人権保障を目指す方向とは異なり、国民の義務と制裁を強化した二〇二一年二月の法改正が、地域社会において感染者等に対する誹謗中傷等の行為を生み、あるいは助長する結果となったのか否かの検証はここではできないが、しかしその因果関係が疑われるという程度の指摘はできよう。このような疑問や懸念への国の「対策」は、控えめにいっても十分ではないので、地方自治体がその区域に生活する住民に対する誹謗中傷等の行為に「対策」を講ずることで、統治の欠陥を補っていると認識することも不可能ではない。ただし、誹謗中傷等の行為を行う主体が住民である場合には、この住民の、真の欲求に地方自治体は応答すべきであるとも述べておきたい。

明石市条例については、条例に基づく支援を実施することで感染症法に基づく過料通知事務は回避されうる。法律と条例の正面からの抵触を回避しながら、二〇二一年二月に改正された感染症法のありようについて国に働きかけるところは、地方自治の実践の一つとして、積極的に評価されるべき点である。

2 「新型コロナ感染対策」における条例の意義と地方自治の課題

(1)地方自治の存在理由の実証

いくつかの地方自治体が行った条例による立法的「対策」は、誹謗中傷等の被害を受けた住民を放置せず、また感染者等の住民の「事情等に配慮」(明石市条例五条六項)することで、国だけでは必ずしも十分に保障できない人権を二層あるいは三層で保障するところに存在理由を有する地方自治の必要性を実証したといえよう。今後も、ワクチン未接種者に対する誹謗中傷等の行為のように、人権が問題となる事例を想定することは難しくなく、したがって地方自治の存在理由も問われ続ける。(16)

これらに加えて、本稿は条例による「対策」に対象を限定したので言及しなかったが、検査体制の強化を決断した地方自治体の存在のほかに、特別定額給付金のオンライン申請をいち早く中止した高知市の臨機応変や、多くの市区町村が各種の給付金額を上乗せするなどの創意工夫をした事実も、正当に評価されるべきである。(17) しかも、全般的には「地域における行政」を「自主的」(地方自治法一条の二第一項)に実施するために必要な財源や人的体制整備という物質的条件が欠落していたばかりか、ここにコロナ禍を奇貨としてであろうか、二〇二一年五月一九日に公布されたデジタル社会形成基本法(二〇二一年法律第三五号)等のデジタル改革関連法律が施行されたことによって、国は着々とデジタル社会形成を推進していた状況下で、地方自治体による創意工夫が試みられていたのである。その努力は、一層正当に評価されなければならない。(18)

(2)地方自治体による人権保障を実現するための条件

しかし、右に述べたような条例は、感染者等の住民に対する誹謗中傷等の行為を一般的に禁止し、あるいは住民の様々な「事情等に配慮」しての「支援」の段階にとどまっている。そこからさらに発展して、住民の生命の尊重や健康な生活保障といった制度的保障すなわち住民の側からは請求権としての「健康権」の制度的保障を構想する場合には、現状は生命の尊重や健康な生活保障等の人権といっても、ここには地方自治体の積極的な姿勢が示されているが、最終的に裁判所が法判断を行うという意味での権利性が強いものではない。

それでも、本稿もその一つであるように、時間をさかのぼって、かつて日本国内のオリジナルな主張として、生命、健康、財産を含む生活の順に「健康権」を請求権の一種として主張していた一九七〇年代の学説[19]にあらためて注目しようとする意識も生まれている。これは保健や医療等の学問分野においては、一層強く意識されることであろう。[20]つまり、コロナ禍においてこの間、国民・住民が望んでいたのは、①検査実施を妨げる障害の除去、②検査の結果、陽性反応があった場合の（表現の適否はともかく）隔離や治療体制の整備、③隔離や治療中の生活保障（飲食や宿泊などの事業者との協働が含まれる。）の充実であったと思われる。これらの①から③までの要素から構成される合理的な「対策」の制度構築は、着手すら不十分で課題のまま残ったのではなかろうか。実現されるための条件が揃わないから、あるいは実現を制約するような条件が存在するから、課題のまま残るのである。それでは、その条件とは何かを、今回経験された「新型コロナ感染対策」の実例を二つ選んでこれらに即して、また行政法学の観点の一つから接近することによって述べておこう。

まず、生命の尊重や健康な生活保障という切実な住民の欲求が契機となって、市町村合併後は地方自治体と住民との距離が拡がっていたものの、住民自治を回復し、あるいは一層発展するための一条件である住民要求は存在したと思われる。しかし、住民からの要求に応答するはずの地方自治体の内部組織つまり地方公務員の体制に十分な余力がなかったのである。この経験から、何を教訓とするのかが問題とされてよいことであろう。ここには、それぞれの地方自治体において、住民が参加しながら住民生活にとって必要な事務と必ずしもそうではない事務を整理するなどの事務の見直しが行われていたのか否かを検証する作業の必要性があることは、確かである。これは住民参加や住民自治の問題であるが、これとともに地方自治体と国との関係のありようも問われるべきであろう。たとえば国は、法律の根拠がないまま、二〇二〇年四月（七日、二〇日変更）に行われた閣議決定である「新型コロナウイルス感染症緊急経済対策」[21]の後、総務大臣通知「特別定額給付金（仮称）事業の実施について」（二〇二〇年四月二〇日）によって、市区町村を特別定額給付金事業の実施主体に位置づけた。これは法形式的には市区町村の自治事務の処理に対して、補助金を交付する事業であった。しかし地方自治体の職員はこの事務処理に忙殺されて、これ以外の自主的な取り組みどころではなく、実態は国の事務であって負担金によって費用が賄われるという意識が地方自治体の側に生まれていたとしても、不思議ではない。

次に、論題の「要請・命令・制裁」を特徴とする国の立法と都道府県の行政による「対策」は、営業時間短縮要請等の行政活動に応じた事業者への協力金等の交付事務を要したが、住民（具体的には、様々な経営形態の事業者のこと。）の側に平等原則違反等の不満や不服も生まれた経験から、何を教訓とするのかを問題とすることもできる。前述した二〇二〇年四月（七日、二〇日変更）に行われた閣議決定の後、国は、同年五月一日に、「新型コロナウイルス感染症対応地方創生臨時交付金制度要綱」[22]（府地創第一二七号）に基づき、「新型コロナウイルス感染症対応地方創生臨時交付金」制度を設けた。この交付金の一種として、「協力要請推進枠」が二〇二〇年一一月に設けられた（二〇二〇年一一月一七日の内閣府地方創生推進室内閣官房新型コロナウイルス感染症対策推進室からの事務連絡「新型コロナウイルス感染症対応地方創生臨時交付金における『協力要請推進枠』の創設について」）。この「協力要請推進枠交付金」は、特措法に基づく営業時間短縮要請等に応じた事業者に対して地方自治体が支出する協力金等の経費に充てるために国が交付するものであった。しかし、地方自治体による協力金等の定額での公金支出は、住民の側に不満や不服の意識を生んだ。個々の国民・住民に請求権が保障された損失補償とは区別される定額の協力金等の公金支出についてのみ「協力要請推進枠交付金」の対象とした国の財政運営の適否には、財政のコントロールという財政法の問題がある。[23] ここに加えて、地方自治保障の観点からも、住民の生活や経営の実態は地域によって様々であるから、住民の要求に地方自治体が応答できたのか否かの住民自治とともに、地方自治体から国の財政運営に働きかける団体自治も問題とされてよいと思われるのである。

以上の実例においては、それぞれに、たとえば基幹的な税源の地方への移譲等の固有の、そしてこれ自体立ち入った考察を要する問題が存在することは当然である。しかし、いずれにしても共通するのは、特別定額給付金や新型コロナウイルス感染症対応地方創生臨時交付金が、閣議決定の後で、通知や要綱を根拠にした事業であったという事実である。これらの事務処理を行う地方自治体が、その行政運営のありようを規定されるかのように国の強い影響下に位置したのであれば、地方自治保障という観点からも、国の「新型コロナ感染対策」が、閣議決定等のいずれも行政機関が定める形式ではなく、国会が定める法律によって授権されるべきであるという法治主義の貫徹が、国には要請されていたのではなかろうか。国の行政についての、この法治主義の貫徹と住民の人権保障のための地方自治保障とが重層的に要請され、国や地方自治体がこれらに応答できるのか否か、そしてこれらが実際に可能となるための諸条件の考察は、いずれも過去の問題ではない。これこそが、本稿の論題に含まれている「法的課題」にほかならない。住民の日常生活において、その生命の尊重や健康な生活保障等の人権を、地方自治体が団体自治の主体となることによって多層で保障するためには、主権者である国民としても国の行政に対する法治主義の貫徹を強化しなければならないという論理関係がはっきりとあらわれたところに、「法的課題」が発見されてくるのである。

おわりに―続く危機と地方自治の未来―

二〇二一年三月に第一回が開催された「デジタル時代の地方自治のあり方に関する研究会」において、総務省自治行政局が作成したと記された「資料二　デジタル時代の『地方自治』のあり方に関する研究会（第一回）」は、その冒頭において、「新型コロナ感染症対策」等に際して、「地方自治」や「地方分権」が「施策の円滑・効果的な実施の支障となっているといった指摘」が「見受けられた」との前提で「この機に、地方分権改革を通じた地方への権限移譲や地方の自主性・自律性拡大がもたらした成果と課題を整理」することで、「デジタル時代に適した『地方自治』のあり方を検討したい」と述べていた。地方自治制度の大胆な見直しを構想する意欲が示されていたように推測されたが、二〇二二年三月に公表された「デジタル時代の地方自治のあり方に関する研究会報告書」は、様々な「指摘」や「意見」を記載したものにとどまって、大胆な方向性を提示するものとはならなかった(24)。なぜなら、述べられたような「地方自治」が「支障」となったという認識評価に対しては、国が各地域の住民と地方自治体を信頼して、事務処理を任せて必要な財源も移譲して、「新型コロナウイルス危機」に備えていなかったので、そのような「地方自治」が「施策」の「支障」にならざるをえなかったとしても、それは当然の帰結ではなかったかという疑問も強く感じられてくるからであろう。

新たな変異株やこれとは異なる感染症の世界的流行という次の「危機」も視野に入れるのであれば、

その場合に、各地域で住民、感染症等の専門家と地方自治体が協力して複数の、あるいは多次元的な試行錯誤によって社会全体が持続可能性を獲得できると考えるのであれば、「危機」の前から、国は地方自治と地方分権が実現可能となるための条件整備に力を入れなければならない。

今回経験したような「危機」が再び同様の「危機」となってあらわれてくるのか否かは、未来の問題であるのかもしれない。しかし、地方自治を現実のものとし、反対にこれを制約する諸条件をどこまで正確に論じられるのか否かは、現在の「危機」である。この現在の「危機」が生まれる原因を解明するために考察を試みるはずの学問も「危機」を免れないが、だからこそ「好機」でもあり続けていると、ここでは述べておきたい。

注

（1）国家がその本来果たすべき責任を果たすことなく、国民の「自粛」要請へと責任転嫁するならば、国民の側の不満がその対象を見誤って社会内部での暴力の源にすらなるという意味で、民主主義的統治の危機と述べたことがある。拙稿「コロナ危機と公法学の行方」法学セミナー七九四号五七頁。これは構造的な危機であると考えているが、この構造において地方自治の存在理由が問われてくるのである。

（2）多数の文献が存在するが、最近の条例に即して行われた研究成果として、北村喜宣ほか編著『法令解釈権と条例制定権の可能性と限界―分権社会における条例の現代的課題と実践―』(第一法規、二〇二一年）を参照。

（3）必ずしも条例の全てを網羅したものではないが、失効等の情報も含めて一般財団法人地方自治研究機構のホームページに掲載された「新型コロナウイルス感染症に関する条例」(http://www.rilg.or.jp/htdocs/img/reiki/022_covid_19.htm）を参照した。

（4）法律に基づく事務処理と独自「対策」の関係についていち早く検討していた安田理恵「日本の新型コロナウ

イルス感染症対策からみた国、都道府県および住民の関係」法学セミナー七八八号八頁以下を参照。また飯島淳子「パンデミック対応における地方自治」論究ジュリスト三五号二七頁は、「法適用」を地方自治体の「独自対策の側に引き寄せることができれば、地方分権の可能性が広がる」と述べた。

(5) 当時の経緯は、「これまでの県民・事業者の皆様へのメッセージ(緊急事態宣言等)」(https://www.pref.aichi.jp/)に残されている。

(6) 学説は、市橋克哉「新型コロナウイルス感染症と地方公共団体」法の科学五二号一二九頁が、特措法二四条九項は「権限規定(組織法上の権限規範)」であるから、これとは別の作用法上の根拠が要請されると主張した。

(7) 和歌山県条例四条二項は、「国、市町村、県民、事業者、関係機関等との連携を図るものとする」と定めたので、このような規定の趣旨を一層具体化することが、条例の課題となってよいと思われる。

(8) 須藤陽子「再考　行政法における強制措置に関する理論的基盤(二・完)」立命館法学三九六号一二〇頁は、感染症法八〇条が「強制措置に関する理論的基盤から大きく逸れた」ものであると述べた(なお、一二一―一二二頁の叙述も参照した)。

(9) 中原茂樹「新型インフルエンザ等対策特措法および感染症法の改正と行政法上の論点」関西学院大学法と政治七二巻一号三四〇頁。

(10) 厚生労働省健康局結核感染症課監修『詳解感染症の予防及び感染症の患者に対する医療に関する法律四訂版』(中央法規、二〇一六年)一一四―一一五頁。

(11) しかし、対立や矛盾のなかからは「殻」を破る解釈・運用があらわれるという地方自治の可能性も指摘された。市橋克哉「COVID-19 のまん延と感染症法および特措法の転形」法学セミナー七九九号六八頁。

(12) 二〇二一年二月一二日の内閣官房新型コロナウイルス感染症対策推進室長からの事務連絡「『新型インフルエンザ等対策特別措置法等の一部を改正する法律』及び『新型インフルエンザ等対策特別措置法等の一部を改

正する法律の施行に伴う関係政令の整備に関する政令』の公布について」（https://corona.go.jp/news/pdf/sekoutuchi_20210212.pdf）は、「営業時間変更等の要請又は命令の公表」は「制裁ではなく、利用者の合理的な行動を確保することを目的」とするものであると述べた。

（13）学会当日においても、二〇二一年二月の法改正によって新設された感染症法一六条の二第二項および三項の（立法論の次元における）正当性の有無、そしてそのいずれにせよ「正当な理由がなく」の意義（その前提として、同条一項の「感染症の発生を予防し、又はそのまん延を防止するため緊急の必要があると認めるとき」の意義も含まれる。）についての質疑が述べられたことをここに記しておく。

（14）磯部哲「『自粛』や『要請』の意味」法学教室四八六号一四頁は、感染症法の改正を、「先祖返りしかねない」ものであると述べた。

（15）「忌避」が「偏見・差別」につながると述べたのは、金井利之『コロナ対策禍の国と自治体―災害行政の迷走と閉塞―』（筑摩書房、二〇二一年）二八六頁。

（16）明石市条例は二〇二一年一〇月の改正によりワクチンの未接種者への差別禁止を追加した（八条の「ワクチン接種を受けていないこと」）。国は、たとえば厚生労働省の「新型コロナウイルスに関するQ&A（企業の方向け）」が、ワクチン未接種を理由とする解雇は許されないなどの見解を示した（https://www.mhlw.go.jp/stf/seisakunitsuite/bunya/kenkou_iryou/dengue_fever_qa_00007.html#Q10-11）。地方自治体において蓄積された事例が、国の方針にどのような影響力を有するのかが注目される。

（17）世田谷区や広島県等の地方自治体における検査体制強化の実例を述べたものとして、たとえば平岡和久・尾関俊紀編著『新型コロナウイルス感染症と自治体の攻防』（自治体研究社、二〇二一年）を参照。

（18）全般的な状況認識については、岡田知弘「瀬戸際の地方自治―企図される惨事便乗型の制度改革―」世界二〇二一年一月号七四頁以下を参照。

（19）下山瑛二『健康権と国の法的責任―薬品・食品行政を中心とする考察―』（岩波書店、一九七九年）七七頁は、「既成の法律学の枠にはめて」、「社会的要求をたち切ってしまうのか」否か、という法学の基本的問題を提起していた。

(20) 保健、医療および福祉の学問分野においては、この四〇年程度の経験をクリティカルに再考するものがあらわれてきている。そのようなものの一例として、公益財団法人日本医療総合研究所『コロナ禍で見えた保健・医療・介護の今後―新自由主義をこえて―』(新日本出版社、二〇二一年)の、たとえば二〇五頁を参照。

(21) この通知は、以下のリンク (https://www.soumu.go.jp/main_content/000715398.pdf) を参照した。

(22) 要綱や事務連絡等の資料は、以下のリンク (https://www.chisou.go.jp/tiiki/rinjikoufukin/jimurenraku.html) を参照した。

(23) 損失補償と協力金等を峻別する考え方の適否を論じた大脇成昭「非常時における国の金銭給付に関する一考察―地方創生臨時交付金の使途をめぐる議論を中心として―」九州大学法政研究八七巻三号六三八―六三九頁を参照。

(24) 本文で言及した「資料」も含めて、以下のリンク (https://www.soumu.go.jp/main_sosiki/kenkyu/digitalage_chihojichitai/index.html) を参照した。

(いなば　かずまさ・行政法)

2　自治体におけるデジタル・トランスフォーメーション推進の様態

――ＡＩおよびＲＰＡの活用を中心として――

松岡清志
（静岡県立大学）

はじめに

二〇一七年五月に内閣官房高度情報通信ネットワーク社会推進戦略本部（以下「ＩＴ総合戦略本部」とする）・官民データ活用推進戦略会議において「デジタル・ガバメント推進方針」が決定され、以降国、自治体双方においてデジタル技術を活用する取組が進められることとなった。近年では、これらの取組に関して、先行する民間企業の動向に合わせてデジタル・トランスフォーメーション（以下「ＤＸ」とする）と呼ばれている。自治体においてもＡＩ、ＲＰＡ、ＩｏＴなどの技術を活用したＤＸの取組は概ね二〇一六年頃から徐々に進められ、現在では多くの自治体がデジタル技術活用の検討、実証実験、および本格導入のいずれかの取組を行っている状況である。(1)しかしながら、その進捗には差異が見られ、必ずしも大規模自治体が先行しているとは限らない。

本論文では、このような自治体におけるＤＸのうち、ＡＩおよびＲＰＡの活用を中心に、進捗の差異を示すと共に、先行自治体にはどのような特性が見られるのか、また自治体における取組が急速に拡大

図1　政策決定要因の中に行動原理が占める割合のイメージ

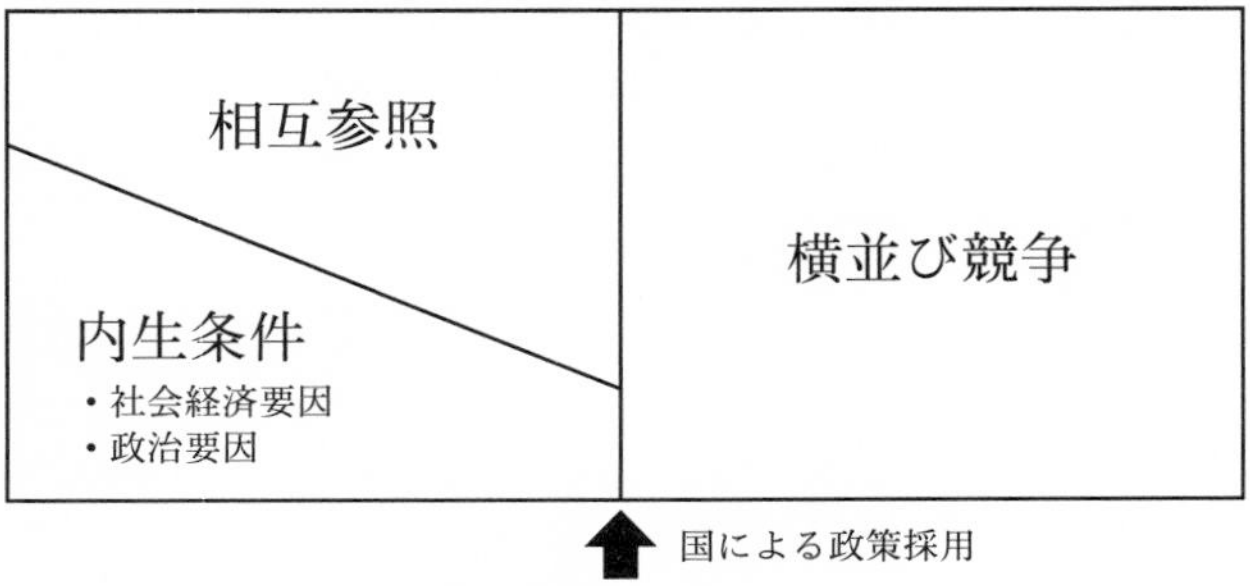

（出典）伊藤（2005）、34頁を一部修正

したのにはいかなる要因が挙げられるかを、同種の政策の広がりに注目する理論枠組みである政策波及概念を手がかりとして考察する。

一　先行研究の整理を通じた分析視座の提示

1　政策の広がりに関する視座

本節では、政策波及に関する研究を中心に、政策の広がりに関する分析枠組みを整理する。伊藤は、自治体が自律性を発揮して新政策を採用することを説明する理論枠組みとして動的相互依存モデルを構築した[2]。同モデルでは、自治体の行動原理は内生条件の対応、相互参照、および横並び競争の三つから構成される。第一の内生条件とは、自治体の領域内の社会経済要因および政治要因を指すものである。第二の相互参照とは、自治体が政策決定に際して不確実性を低減するために[3]、他の自治体の動向を参考にする行動であり、これは後続自治体のためのみならず、先行者にとっても他の自治体の最小見込みの確認や政策の完成度の向上を通じて、政策採用を促す効果を持つとしている。第三の横並び競争は、国が政策を採用すると自治体が争って当該政策分野に参入し、国と同種の政策を採用する動きを指す。これら三つの行動原理の関係については、国の政策採用がない段階では、まず内生条件が熟した自治体から政策を採用し、相互参照がこれを促進するという流れを取る。その際、採用する自治体の数が多くなるにつれて相互参照の役割が高まることとなる。後に国が同種の政策を採用すると、横並び競争が進むこととなる。これらが政策決定要因に占める割合をイメージとして示す（図1）。また景観条例の制定を対象に分析を試みた伊藤の研究[4]では、地理的な近接性、自治体の規模の近接性、および政策目的の三点から相互参照経路について考察を行った。その結果、規模が近い自治体や政策目的や対応すべき課題が類似した自治体を相互参照の対象とする一方、必ずしも地理的に近い自治体を相互参照の対象とするわけではないことが明らかになった[5]。

以上のような政策波及のメカニズムの修正を試みたのが、外川と安藤による研究である[6]。この研究では、世界文化遺産登録事業、中心市街地活性化基本計画策定事業、および空き家管理条例を対象に政策過程を分析し、伊藤の動的相互依存モデルの修正を試みた。その結果、世界文化遺産登録事業と中心市街地活性化基本計画策定事業においては、当初から国が定めた事業スキームに則って相互参照、内生条件への対応、および横並び競争のすべてが並行して行われることが明らかになった。具体的には国が示した基準を達成するために自治体が横並び競争を行うと同時に、政策内容を充実させることを目的として、内生条件への対応と相互参照を行うとした。一方、空き家管理条例の制定に関しては、国による空き家対策の推進に関する特措法の制定以前に条例を制定していた自治体では、法律に合わせた条例改正に関する競争圧力は大きくなく、相互参照や内生条件への対応が済んでから改正を行うこともあり得るとする。それに対し、条例を制定していない自治体においては、法律に即した条例の制定に向けた横並び競争が始まるものの、内生条件への対応および相互参照も並行して行われると整理している。

次に、岡本は都道府県の情報公開条例改正を事例に、政策革新が生じたかに留まらず、どのような内容の政策が導入されたかに焦点を当て、政策の再革新に関する研究を行った。[7] 分析を通じて得られた結論として、二点を挙げている。第一に、都市化と条例の内容との関係について、都市化の進んだ自治体ほど先進的な条例を制定する傾向にあると共に、制定時期との関係では、先行自治体と後発自治体は先進的な内容の条例を制定する一方で、中間の時期に制定した自治体では条例の内容が制限的なものになっており、全体としては条例の内容の先進性はU字型であることが明らかになった。第二に、中央政府の自治体に及ぼす影響に関して、改正後の条例内容は国の要綱案に類似した内容になっていることから、国による要綱案の発表が条例改正に影響を及ぼしていることが明らかになった。

さらに、堀篭は地方政府における自律的な政策の普及に関する要因を分析している。[8] 具体的には、新政策が普及しなかった要因および新政策普及の成否の要件に焦点をあて、地方政府間での相互作用、政策採用後の撤退、中央政府の補助が地方政府における新政策の普及に与える影響を数値実験により分析している。分析を通じて、政策採用後の撤退リスクが低く、社会的な属性あるいは地理的な距離が近接する地方政府間での情報交換が可能な政策ほど、相互作用を通じた自律的な普及が速やかに進みやすいとの結論が得られた。また、地方政府間での相互作用による新政策の普及を促進するために中央政府が地方政府に最低限の補助を行う場合には、政策採用撤退率が高いほど補助を受けたもののみが残るとの結論が得られた。

本論文では、これらの分析枠組みを援用し、主に自治体のＤＸにおいて内生条件となる要因を検討すると共に、国による政策採用が自治体ＤＸに及ぼす影響を確認する。

2　デジタル・ガバメントの進捗に関する視座

ここでは、前節の政策波及における行動原理のうち、特に内生条件に焦点をあて、分析の手がかりとなる先行研究を整理する。

第一に、デジタル・ガバメントに影響を及ぼす社会経済要因についての先行研究を整理する。M、ルニェニチュカは、欧州連合加盟国を対象に、景気後退期であった二〇〇八年から二〇一四年の期間に、一人当たりGDP、失業率、インフレ率などのマクロ経済要因や人口規模が電子政府の進展に及ぼす影響、および欧州連合への加盟時期の差が電子政府の進展に及ぼす影響について、回帰分析やクラスター分析を用いて検討した(9)。これらの分析を通じて、主要な結論を以下のように整理している。第一に、電子政府発展指数（EDGI）と一人当たりGDPには相関関係がある一方、電子行政参加指数（EPI）とは相関関係が見られなかった。第二に、二〇一〇年のEDGIの下降は、欧州連合への加盟時期で差が見られ、近年加盟した国で大幅なものとなった。また拙稿では、国連電子政府ランキングにおいて「電子政府が極めて進んでいる」類型に含まれる、EDGIが〇・七五以上の三八か国を対象に、進展に影響を及ぼす要因の考察を試みた(10)。具体的には、ルニェニチュカと同様の分析軸である一人当たりGDP成長率の増減とEDGIとの相関関係に加え、行政改革としての電子政府の実現の観点から、財政収支対GDP比の増減とEDGIとの相関関係について分析を行った。分析の結果、一人当たりGDP成長率との関係については、対象国全体で見ると一定の正の相関関係が見られたものの、先進国と発展途上国に分けた場合には、前者ではやや強い正の相関関係となる一方、後者では相関関係は弱いものとなった。また、財政収支対GDP比については、相関関係は小さく、先進国と発展途上国に分けた場合でも同様の結果となった。

第二に、伊藤が提示した政治要因以外の内生条件として、ここでは行政組織における人的要因に注目

図2　自治体職員組織の組織風土の類型

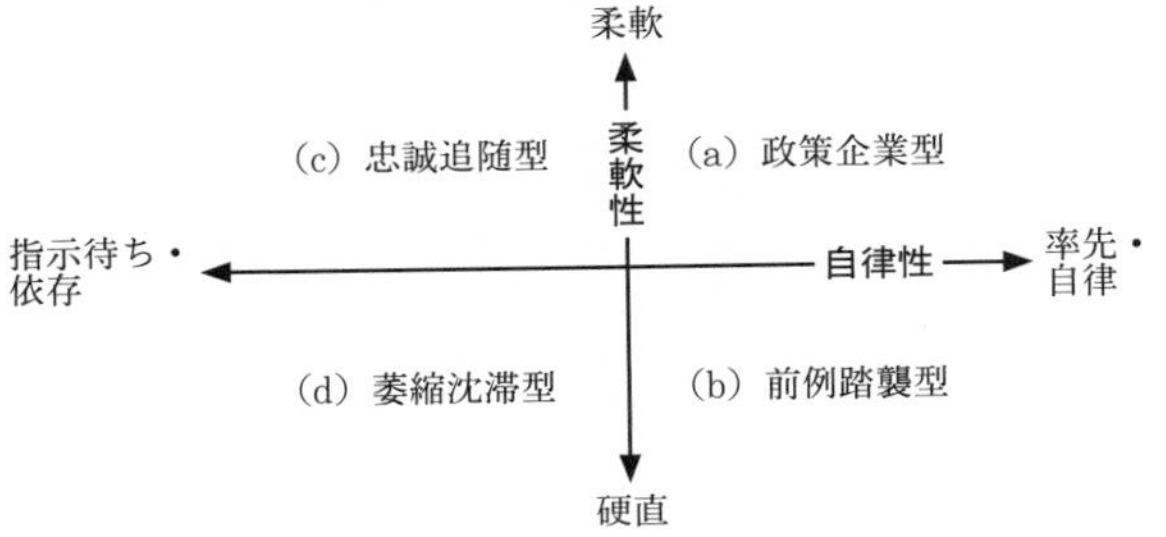

（出典）大杉（2017）、56頁を一部修正

する。大杉は、首長と職員集団との関係が、適切な公益追求や合意形成の実現に及ぼす影響について分析を行っているが、その前提として、職員集団を組織の自律性と柔軟性の二軸から（a）政策企業型、（b）前例踏襲型、（c）忠誠追随型、（d）萎縮沈滞型の四類型に整理している（図2）[11]。（a）政策企業型は、自律性・柔軟性共に高い組織であり、「地域課題の解決に向けて新規施策の立案や政策刷新に積極的に取り組もうとする政策企業家精神に富んだ職員集団によってリードされるような組織風土を持つ組織[12]」であり、組織の活動と首長の政策指向性が合致すれば政策推進のパートナーとなる一方、合致しない場合には摩擦が生じ得る。（b）前例踏襲型は、自律性は高いが柔軟性が低い組織であり、「現状維持の枠内で『合理的』な活動に徹する点で行政内での自己規律を重視[13]」する組織である。それゆえ、首長が改革志向の姿勢で迫った場合には根強く抵抗する。（c）忠誠追随型は、自律性は低いが柔軟性が高い組織であり、「行政とは民意を受けた政治家の道具（ツール）にすぎないという原理主義的な政治主導のもとで想定される行政組織[14]」である。首長には使い勝手が良く感じられる一方で、創造的・発展的な取組が期待できない側面を持つ。最後に（d）萎縮沈滞型は、自律性、柔軟性共に低い組織であり、「停滞感が漂い活気に乏しく、首長の指示に対して反発するというよりも、そもそも積極的に取り組もうとする意欲や能力を欠いたようなタイプの行政組織[15]」である。この

ような組織では、根本的な解決を要する課題が原因となって職員力や組織力が劣化するものとされる。さらに大杉は、これらの類型と首長の戦略対応を組み合わせ、もたらされる首長・職員関係およびその帰結を整理している。また、大谷は、都道府県における人事管理と政策形成との関係を分析した研究(16)を行っている。この中では「地方分権で自由度を増した都道府県が新たな政策を展開する際に、その政策動向に合わせた人材＝当該政策に関する専門的な知識・経験等を有する人材をどこからどのように確保しているか」の問題意識のもと、国から都道府県への出向状況、および都道府県における任期付採用職員の採用状況を分析した。その結果、地方分権一括法が施行された二〇〇〇年以降において、出向者数の減少と出向ポストの固定化が見られ、新規政策へ出向者を充てる傾向は目立たないのと同時に、任期付採用職員の活用も限定的であることが明らかになった。その結果として、新規政策は内部人材がやはり担っており、そこでは自治体間の人的交流が政策を展開する際の参考となっていることが示された。

これらの先行研究からは、自治体DXのような新機軸の政策を展開するにあたって、自律的な内部人材・職員集団による活動が一定程度重要であることが窺える。

二　国・自治体におけるDXの政策動向

1　我が国における「デジタル・ガバメント」概念の出現

デジタル・ガバメントの取組は、英国政府が二〇一一年にデジタル改革推進組織として政府デジタルサービス（GDS）を設置したことに端を発する。GDSは、公共サービス改革計画の重要な柱としてデジタル技術を位置づけ、デジタル・ガバメントに特化した戦略として、デジタル・バイ・デフォルトの原則を基調とする「ガバメントデジタル戦略」を二〇一二年に策定した。その後、GDSと各省庁の協働のもと、具体の手続・サービス改革が進められている。また、米国政府においても、当時のオバマ大統領によるサービス提供の質の向上、効率性・有効性・アカウンタビリティの向上に関する大統領令を実現するための戦略として、二〇一二年に「デジタル・ガバメント戦略」が策定され、米国デジタルサービス（USDS）、および18Fといった組織が主導する形でのデジタル・ガバメントの取組が進められている[17]。これらの動きに追随する形で、欧米諸国をはじめとして、各国にデジタル・ガバメントの取組が広がった。

ひるがえって日本では、二〇一七年五月にIT総合戦略本部により「デジタル・ガバメント推進方針」が決定され、この中で初めてデジタル・ガバメントの概念が提起された。同方針では、デジタル・ガバメントを「サービス、プラットフォーム、ガバナンスといった電子行政に関する全てのレイヤーがデジタル社会に対応した形に変革された状態[18]」として捉え、利用者価値の最大化の観点からの行政サービスの再設計を行うと同時に、サービス提供の基盤となるプラットフォームやガバナンスの改革にも着手することとした。その際の原則として、デジタルファースト、コネクテッド・ワンストップ、ワンスオンリーの三原則を掲げている[19]。

翌年の二〇一八年一月には、同方針を具体化するための施策について取りまとめた「デジタル・ガバメント実行計画」を策定し、デジタル・ガバメントの要素を二点に整理した。第一に、利用者中心の行政サービスとして、利用者にとって行政サービスがすぐ使え、簡単・便利であると共に、最初から最後までデジタルで完結されることを挙げている。第二に、行政サービスおよび行政データ連携の推進として、連携に関する各種標準やシステム基盤を整備し、民間サービス等との連携が図られると共に、設計の段階から他機関や他サービスとの連携を意識して構築されることを挙げている。以上のような要素を具体化するために、行政サービス改革、プラットフォーム改革、ＩＴガバナンス、自治体におけるデジタル・ガバメントの推進の項目ごとに施策を取りまとめている。このうち、自治体におけるデジタル・ガバメント推進については、官民データ活用推進計画の策定、行政手続のオンライン利用促進、クラウド利用の推進、オープンデータの推進、および適正な情報セキュリティの確保が盛り込まれた。以降、同計画は安倍政権下で二〇一八年七月と二〇一九年一二月の二度にわたり改訂が行われると共に、各府省におけるデジタル・ガバメントの推進を図るための計画として、中長期計画が省庁ごとに策定されることとなった。また、二〇一九年には行政手続におけるデジタル三原則を実現するための法律の制定については、ＩＴ総合戦略本部新戦略専門調査会に新設されたデジタル・ガバメント分科会を中心に検討が進められ、二〇一九年五月に従来の行政手続オンライン化法を改正する形でデジタル手続法が成立した。

2　自治体にインパクトを及ぼした「自治体戦略二〇四〇構想研究会」第二次報告とその後の動向
―スマート自治体を中心として―

前節のＩＴ総合戦略本部によるデジタル・ガバメント推進の動きが始まったのとほぼ同時期の二〇一七年一〇月に、二〇四〇年頃をターゲットとして、人口構造の変化に対応した自治体行政のあり方について検討する「自治体戦略二〇四〇構想研究会」が総務省に設置された[20]。同研究会において示された行政課題の中に、ＩＣＴによる行政課題の解決が含まれ、情報システムの共同利用、クラウドサービスとして提供される共通の情報システムの活用、業務プロセスの自動化・省力化、およびインターフェースや様式の統一化を中心に議論が行われた。研究会における議論を踏まえて二〇一八年七月に取りまとめらえた第二次報告では、新たな自治体行政の基本的考え方として、半分の職員数でも担うべき機能が発揮できるよう、ＡＩやロボティクス[21]が処理できる事務作業は全てこれらによって自動処理を行い、職員は企画立案業務や住民への直接的なサービス提供など、職員でなければできない業務に注力する「スマート自治体」への転換の必要性が提唱された。具体的方策として、ＡＩやロボティクスの活用に加え、情報システムの標準化・共通化、行政と利用者のインターフェースの一元化・電子化・様式の標準化が挙げられている。このような自治体行政のあり方を抜本的に転換しようとする内容には、賛否双方の意見が表明され、大きなインパクトを与えるものとなった。

その後、「自治体戦略二〇四〇構想研究会」に加え、自治体情報システムの標準化・共同化を中心に議論を行ってきた「地方自治体における業務の標準化・効率化に関する研究会」および「地方公共団体のクラウド導入におけるカスタマイズ抑制等に関する検討会[22]」等での検討内容を踏まえ、スマート自治体の具体的な方策について扱う「地方自治体における業務プロセス・システムの標準化及びＡＩ・ロボティクスの活用に関する研究会」（以下「スマート自治体研究会」とする）が二〇一八年九月に総務省に設置された。同研究会では、ＡＩ・ロボティクスに関して、現時点で導入を推進すべき事務・分野の整理が試みられると共に、二〇四〇年頃までに目指すべき姿に関して議論が行われた。あわせて、これらの技術の共同導入や人材育成に関する方策、利活用がもたらす効果、セキュリティや個人情報保護などの制度上の論点についても検討が進められた。これらの議論を踏まえて二〇一九年五月に公表された報告書においては、ＡＩ・ロボティクスを活用すべき分野を①住民・企業等にとって利便性が向上される部分、②自治体行政の課題を抱える部分、③自治体が取り組みやすい部分に分類し、特に③については国が全国の導入事例を周知すると共に財政支援を行い、自治体が他団体の導入事例を参考にして直ちに導入することとされた。同報告書には導入状況に関して総務省が行った調査結果、および先進事例の紹介資料が大部にわたって参考資料として添付されている。

上述した研究会における議論および報告書の取りまとめと並行して、総務省ではＡＩ・ＲＰＡ等の技術を活用した自治体の業務効率化、地域課題の解決、住民サービス向上の推進を目的として、二〇一八年度の第二次補正予算において革新的ビッグデータ処理技術導入推進事業を開始した。同事業はＲＰＡの導入補助とＡＩ活用に関する調査研究を柱とするものであり、前者は二〇一九年度には八二団体が、後者は三グループが採択された。同事業の実証実験の結果等を踏まえて総務省では「ＡＩ導入手順書」を作成し、上述のスマート自治体研究会の報告書と合わせ、自治体におけるＡＩ活用の手がかりとなる資料群が整備された。同事業と連携して、ＲＰＡの導入の横展開を目的として、地方単独事業として実施するＲＰＡ実装経費について特別交付税措置が行われた。さらに二〇一九年度から二〇二一年度には、スマート自治体への転換を図るために、人口規模ごとの複数自治体から成るグループごとの業務プロセスの比較を通してＡＩやＲＰＡ等を活用した業務プロセスの標準モデル構築を行う自治体行政スマートプロジェクトが開始され、二〇一九年度は八グループ、二〇二〇年度と二〇二一年度は各五グループが事業を行った。

一方、二〇二〇年七月の「経済財政運営と改革の基本方針」、いわゆる「骨太方針」においても、「国・地方を通じたデジタル基盤の標準化の加速」として、総務省に対し地方自治体のＡＩ・ＲＰＡ活用、最適なクラウド化やデジタル人材不足の解消を中心としたＩＣＴ化を抜本的に進める計画を年内に策定すると共に、好事例を横展開するよう求めた。

以上見てきたように、「自治体戦略二〇四〇構想研究会」におけるスマート自治体の提起以降、総務省を中心として、実現のための参考資料の整備、実証実験に対する補助をはじめとして、多様な支援策が実行された[23]。

3　菅内閣の政策の柱としてのＤＸ

二〇二〇年九月に就任した菅首相は、総務大臣在任中からデジタル・ガバメントを主要政策と位置づけており、就任記者会見においてもデジタル庁の設置をはじめとした取組を推進していく意向を表明した。一〇月にはＩＴ総合戦略本部のデジタル・ガバメント閣僚会議の下に、デジタル改革の基本的考え方や関連法案の整備を中心に検討する、「デジタル改革関連法案ワーキンググループ」を設置した[24]。前政権下で既に設置されていた「マイナンバー制度及び国と地方のデジタル基盤抜本改善ワーキンググループ」と合わせ、デジタル改革の具体策についての検討体制が拡充された。両ワーキングは一一月から一二月にかけて報告を取りまとめ、その内容を反映したものとして、ＩＴ基本法の見直しおよびデジタル庁設置に関する考え方の骨格を盛り込んだ「デジタル社会の実現に向けた改革の基本方針」（以下「基本方針」とする）として同年十二月に策定された。並行して、「デジタル・ガバメント実行計画」の見直しに向けた作業も進められ、基本方針と同時に改訂が行われたが、この中では業務改革（ＢＰＲ）を前提としてＡＩ・ＲＰＡ等を活用する方向性が示された[25]。また、地方自治体に関しては、「ＡＩやＲＰＡ等のデジタル技術は地方公共団体の業務を改善する有力なツールであり、限られた経営資源の中で持続可能な行政サービスを提供し続けていくために今後積極的に活用すべきものである[26]」とし、総務省に対して前節で紹介した自治体行政スマートプロジェクトを引き続き推進すると共に、「自治体ＡＩ活用ガイドブック」の策定、および先進事例の横展開を行うよう求めた。

一方総務省では、二〇二〇年一一月に、情報システム標準化を契機とし地方自治体が取り組むＤＸの推進方策を検討する「地方自治体のデジタル・トランスフォーメーション推進に係る検討会」（以下「自治体ＤＸ検討会」とする）を設置した。同検討会においては、大きく①ＤＸ推進の基本的方向性、②ＤＸの進め方、③テーマごとの取組と手順、④自治体に対する支援の四点について検討を行うこととし、このうち③テーマごとの取組と手順の中でＡＩ・ＲＰＡの活用についても検討が行われ、今後の方向性として、ＡＩ・ＲＰＡに関するガイドブックを情報共有すると共に、共同調達や共同利用を推進することが示された。これらの検討結果は同年一二月に「基本方針」や「デジタル・ガバメント実行計画」と機を同じくして公表された「自治体デジタル・トランスフォーメーション推進計画」（以下「自治体ＤＸ推進計画」とする）に反映されている(27)。

並行して、既存の「地方自治体におけるＡＩ・ＲＰＡの実証実験・導入状況等調査」（以下、「ＡＩ・ＲＰＡ調査」とする）、および自治体行政スマートプロジェクトを継続して実施すると共に、現時点では活用が進んでいない行政分野へのＡＩ導入や、クラウドサービスとして共同利用できるＡＩの開発実証を行う自治体ＡＩ共同開発推進事業を二〇二〇年に新設した。この成果を踏まえて、自治体におけるＡＩ導入手順、先行自治体の導入事例を盛り込んだ「自治体におけるＡＩ活用・導入ガイドブック」を二〇二一年六月に公表した。またＲＰＡについても同様に、革新的ビッグデータ処理技術導入推進事業および自治体行政スマートプロジェクトの結果を踏まえ「自治体におけるＲＰＡ導入ガイドブック」を二〇二一年三月に公表した。このように、菅内閣においては、ＡＩ・ＲＰＡの共同利用を見据えた実証実験、調査などの実施に対する様々な支援メニューを整備し取組を促進した。これらの成果を基に導入に向けたガイドブック類を整備することで、取組を行う自治体の裾野を拡大することにより、自治体におけるＤＸを強力に推進する姿勢が明確に打ち出された。

その後、二〇二一年五月にはこれまでのＩＴ基本法に代わるデジタル社会形成基本法やデジタル庁設置法、地方自治体情報システム標準化法をはじめとするデジタル改革関連六法が成立し、同年九月にデジタル庁が発足した。また六月には従来のＩＴ戦略である「世界最先端デジタル国家創造宣言・官民データ活用推進基本計画」に代わる戦略として「デジタル社会の実現に向けた重点計画」（以下。「重点計画」とする）が策定された。さらに、自治体のＤＸ推進に関しては、前述の「自治体ＤＸ推進計画」を踏まえ、自治体がＤＸに取り組めるようにするための手順書の検討が自治体ＤＸ検討会において行われ、その結果が「自治体ＤＸ推進手順書[28]」として取りまとめられた。

4　デジタル庁の設置と自治体情報システムの標準化・共同化へのシフト

デジタル庁の設置後、六月の重点計画に従来の「デジタル・ガバメント実行計画」を統合する形での新たな重点計画が策定された（本計画を六月の計画と区別するために「新重点計画」とする）。新重点計画においては、国民に対する行政サービスのデジタル化として国・自治体・民間を通じたトータルデザイン、緊急時の行政サービスのデジタル化、マイナンバー制度の利活用推進、マイナンバーカードの普及・利用促進、公共フロントサービスの提供が掲げられている。また、デジタル社会を支えるシステム・技術として、国および地方自治体の情報システムの刷新が挙げられ、さらに推進体制としてデジタル庁の役割や各種会議の設置、地方自治体や民間との連携・協力が言及されている。しかしながら、ＡＩ・ＲＰＡの利活用については、施策集において「地域のデータ利活用推進のための地域人材の育成」として、地域情報化アドバイザー派遣事業によるＡＩ・ＲＰＡ等の専門家の地方自治体への派遣による地域人材の育成が取り上げられるに留まり、これまでの計画等に比べその割合は大幅に減少した。

その一方で、地方自治体の情報システムの標準化・共通化については、全国規模のクラウド移行に向けてデジタル庁および総務省が連携して企画、総合調整を行い、基幹業務システムを利用する原則すべての自治体が二〇二五年度までにガバメントクラウド上の標準準拠システムへ移行できるよう、基本方針等の策定、環境整備、財政・人材面などでの支援を行うこととした。新重点計画では、これらの施策が詳細に記述されていることからも、自治体のＤＸにおける重点がＡＩ・ＲＰＡの活用から情報システムの標準化・共通化へと移ったことが窺える。

三　自治体におけるＤＸの取組の総体的状況

冒頭に、総務省のＡＩ・ＲＰＡ調査をもとに、都道府県、政令指定都市、その他の市区町村における、フェーズごとの活用状況の総体を示す（**表1**）。なおここでの現在取組中とは、調査時点において本格導入または実証実験を行っている自治体に加えて、既に導入予定があるか、導入の検討を行っている途上にあるなど、導入に向けた何らかの動きを行っている自治体を指す。

規模ごとに見ると、都道府県では二〇一八年時点では本格導入及び実証実験に至った割合こそ少ないものの、何らかの取組は約九割の自治体において行われていた。その後、二〇二〇年二月にはＡＩ・ＲＰＡ共に本格導入または実証実験を行っている自治体が八割台となり、ほぼすべての自治体で何らかの取組が行われるなど、比較的早い段階でＡＩ・ＲＰＡの活用が進んだ。また政令指定都市においては、二〇一八年時点で既に全市で検討以上の取組が行われており、ＡＩに関しては半数以上の自治体が本格導入または実証実験を行っていた。その後二〇二〇年にかけては、一自治体においてＡＩの導入を取り

表1　地方自治体における AI・RPA の活用状況

都道府県（47）	AI								RPA							
	導入済み	実証中	**導入＋実証**	導入予定	検討中	**現在取組中**	検討、実証後導入せず	検討なし	導入済み	実証中	**導入＋実証**	導入予定	検討中	**現在取組中**	検討、実証後導入せず	検討なし
2018年11月	17	0	**17**（36.2%）	15	11	**43**（91.5%）	0	4	14	0	**14**（29.8%）	20	9	**43**（91.5%）	0	4
2020年２月	32	9	**41**（87.2%）	5	1	**47**(100.0%）	0	0	23	17	**40**（85.1%）	7	0	**47**（100.0%）	0	0
2020年12月	40	2	**42**（89.4%）	3	1	**46**（97.9%）	1	0	35	10	**45**（95.7%）	2	0	**47**（100.0%）	0	0

指定都市（20）	AI								RPA							
	導入済み	実証中	**導入＋実証**	導入予定	検討中	**現在取組中**	検討、実証後導入せず	検討なし	導入済み	実証中	**導入＋実証**	導入予定	検討中	**現在取組中**	検討、実証後導入せず	検討なし
2018年11月	12	0	**12**（60.0%）	4	4	**20**(100.0%）	0	0	8	0	**8**（40.0%）	8	4	**20**（100.0%）	0	0
2020年２月	10	6	**16**（80.0%）	3	0	**19**（95.0%）	1	0	9	5	**14**（70.0%）	5	1	**20**（100.0%）	0	0
2020年12月	16	2	**18**（90.0%）	1	0	**19**（95.0%）	1	0	13	5	**18**（90.0%）	2	0	**20**（100.0%）	0	0

その他の市区町村（1,721）	AI								RPA							
	導入済み	実証中	**導入＋実証**	導入予定	検討中	**現在取組中**	検討、実証後導入せず	検討なし	導入済み	実証中	**導入＋実証**	導入予定	検討中	**現在取組中**	検討、実証後導入せず	検討なし
2018年11月	77	0	**77**（4.5%）	79	353	**509**（29.6%）	0	1212	59	0	**59**（3.4%）	130	386	**575**（33.4%）	0	1146
2020年２月	138	101	**239**（13.9%）	233	479	**951**（55.3%）	57	713	148	168	**316**（18.4%）	233	445	**994**（57.8%）	78	649
2020年12月	361	105	**466**（27.1%）	210	370	**1046**(60.8%）	83	592	335	130	**465**（27.0%）	172	385	**1022**(59.4%）	135	564

（出典）総務省（2021）「自治体における AI・RPA 活用促進（令和３年７月14日修正版）」、https://www.soumu.go.jp/main_content/000716134.pdf をもとに作成。

やめたものの、それ以外の市に関しては実証実験から本格導入へ移行する動きが進んだ。その一方、政令指定都市以外の市区町村においては、二〇一八年時点では取組に着手した自治体が三割程度に留まり、本格導入または実証実験を行っている自治体に至っては全体の一割にも満たない状況であった。しかしながら、その後一年余りで検討以上の取組を行う自治体は急速に増加し、検討や実証を行ったものの本格導入には至らなかった事例も含め、二〇二〇年二月にはＡＩ・ＲＰＡ共に半数以上の自治体で導入に向けた取組が行われた。その後同年一二月までの間に本格導入および実証実験を行う自治体の割合も概ね一割程増加している。

以上のような傾向から、地方自治体のＡＩ・ＲＰＡの活用の広がり方については、第一に、都道府県においては、取組には早期から着手していた。その後の実証実験から本格導入のフェーズに関しては、自治体間でその時期に差異が見られたものの、二〇二〇年末にはほとんどの自治体においてこれらのフェーズへ移行した。第二に、基礎自治体でも規模が大きい政令指定都市においては、二〇一八年末の時点ですべての自治体が取組に着手しており、実証実験および本格導入を行っている自治体の割合も都道府県を上回っていた。このような状況であったためその後の取組の拡大は緩やかであったものの、二〇二〇年時点での全体的な状況は都道府県とほぼ変わらないものであった。第三に、政令指定都市以外の市区市区町村においては、前二者に比べ取組は大きく遅れており、二〇一八年時点では約七割の自治体で未着手であった。しかしながら、その後の一年程で取組は急速に拡大し、二〇二〇年二月時点ではＡＩ・ＲＰＡの検討以上の取組を行っている自治体が半数以上となると共に、実証実験および本格導入を行っている自治体数も大きく増加し、この傾向がその後も継続して続いている状況となっている。

四　先行自治体の特徴に関する分析

前章では地方自治体におけるＡＩ・ＲＰＡの全体的な状況を整理したが、本論文の問題意識である、先行自治体に属する自治体はどのような自治体であろうか。本章では、これら先行自治体の特徴について考察する。その際には、先行自治体の対象の絞り込みが必要となるが、ここでは第二章二節で紹介した、ＡＩやＲＰＡを導入すべき分野を明らかにするとともに、取組事例を具体的に紹介した「スマート自治体研究会」報告書が公表される二〇一九年五月を転機と捉え、それ以前に既に取組を行っていた自治体を先行自治体とする。具体的には、二〇一八年一一月の「地方自治体におけるＡＩ・ＲＰＡの実証実験・導入状況等調査」において取組を行っていると記載された自治体を対象とする。

表2　対象自治体の規模

	AI	RPA
特別区	7	4
中核市	16	15
一般市（人口30万人以上）	3	2
一般市（人口25万人以上30万人未満）	1	3
一般市（人口20万人以上25万人未満）	3	3
一般市（人口15万人以上20万人未満）	6	7
一般市（人口10万人以上15万人未満）	12	5
一般市（人口５万人以上10万人未満）	11	12
一般市（人口５万人未満）	7	4
町	8	4
村	1	0

（出典）総務省（2018）「地方自治体における AI・RPA の実証実験・導入状況等調査（2018.11時点）」をもとに作成。

なお、前章で述べたように、都道府県および政令指定都市に関しては、この時点で検討に着手している自治体の割合が高いため対象から除外し、それ以外の市区町村（ＡＩ：七五団体、ＲＰＡ：五九団体。一部重複あり）を対象に傾向を分析する。

1　人口規模に関する特徴

対象自治体の人口規模について、前述の調査の二〇一八年一一月時点のデータに基づいて整理を行った（**表2**）。先行自治体の人口規模は東京都大田区の七一万人から長野県生坂村の人口一、八〇〇人に至るまで幅の大きいものとなっている。区分ごとに見ると、特別区および中核市においては、ＡＩ・ＲＰＡを先行して導入した自治体は三分の一以下に留まっており、大規模自治体においては先行自治体の割合は比較的低位に留まっている。一方、一般市においては、概ね人口五万人以上一〇万人未満の自治体数が最も多くなっており、特別区および政令指定都市を除いた市の概ね平均的な位置にある市が先行自治体となっている。また、数は少ないものの町村にも先行自治体が存在することを鑑みれば、必ずしも大規模自治体ほど取組が先行しているとは言えない状況である。

2　財政力に関する特徴

対象自治体の財政力指数について、総務省の「平成二九年度地方公共団体の主要財政指標一覧」のデータに基づいて整理を行った（**表3**）。最も財政力指数が高かったのは愛知県豊田市の一・五二で、最も低かったのは長野県生坂村の〇・一五であった。対象自治体の平均はＡＩで〇・七二、ＲＰＡで〇・七三であり、全国自治体の平均である〇・五一より高い値である。自治体数でみると〇・九台の自治体数が最も多く、また一を超える自治体も八団体存在することから、比較的財政力の高い

表3　対象自治体の財政力指数

財政力指数	AI	RPA
0.10 ～ 0.19	1	0
0.20 ～ 0.29	2	3
0.30 ～ 0.39	7	6
0.40 ～ 0.49	7	5
0.50 ～ 0.59	10	3
0.60 ～ 0.69	9	10
0.70 ～ 0.79	5	3
0.80 ～ 0.89	11	12
0.90 ～ 0.99	15	11
1.00 ～ 1.09	5	3
1.10 ～ 1.19	0	0
1.20 ～ 1.29	2	2
1.30 ～ 1.39	0	0
1.40 ～ 1.49	0	0
1.50 ～ 1.59	1	1

（出典）総務省（2017）「平成29年度地方公共団体の主要財政指標一覧」をもとに作成。

表4　対象自治体のAI・RPA導入の契機

AI	首長の働きかけ	ソフト提供会社からの営業	他団体での導入効果	その他	
					うち職員主導
自治体数	13	36	20	37	15
割合	17.4%	48.0%	26.7%	49.3%	20.0%

RPA	首長の働きかけ	ソフト提供会社からの営業	他団体での導入効果	その他	
					うち職員主導
自治体数	10	20	18	26	15
割合	18.5%	37.0%	33.3%	48.1%	27.8%

（出典）総務省（2018）前掲資料をもとに作成。

自治体が先行している傾向にあると言える。

3　導入の契機に関する特徴

導入の契機に関しては、前述の調査における選択肢は首長の働きかけ、ソフト提供会社からの営業、他団体での導入効果、およびその他となっている（複数回答可）。ここでは、その他の項目における自由記述において職員による発意・提案といった内容が読み取れるものを職員主導としてカウントした。その結果、首長の働きかけが契機となったのはＡＩ・ＲＰＡ共に一八％前後であったのに対し、職員主導で導入を進めたのはＡＩでは二〇％、ＲＰＡでは二七・八％と、いずれも首長主導よりも高い値を示した。デジタル技術の導入に当たって、首長のリーダーシップを重視する主張も多いものの、先行自治体においては職員の発意・提案による導入のほうが多い傾向にあった。なお、ＡＩにおいては二団体が、ＲＰＡにおいては三団体が首長のリーダーシップと職員の発案の両者とも当てはまると回答している。また、自治体間の研究会が導入の契機と回答した自治体も存在した。

人口千人当たりの職員数（単純値）に関しては、自治体の置かれた状況に左右されるため、特別区および中核市に絞って述べることとする。特別区に関しては、ＡＩ導入自治体の平均が五八・八八、ＲＰＡ導入自治体の平均が六〇・一五であり、これは全特別区の平均値である五五・九一をやや上回っている。また中核市に関しては、ＡＩ導入自治体の平均が四五・二六、ＲＰＡ導入自治体の平均が四三・九一であり、これは全中核市の平均値である四四・四七に近い値となっている。このように見ると、両者に関する限りにおいては、職員数について特徴的な傾向は見られなかったと捉え得る。

5　小括

ここまで、国によるＡＩ・ＲＰＡ活用促進に向けた各種取組が行われる以前から取組を開始していた先行自治体の特徴について考察を試みた。人口規模においてはその幅が広範であり、町村をはじめとする小規模自治体でも取組が見られ、必ずしも大規模自治体ほど取組が先行しているとは言い難い傾向にあった。また財政力指数に関しては、先行自治体の平均値は全自治体のそれを上回っていることから、必ずしも財政制約の強い自治体が行政改革の必要性に迫られて先行している訳ではないことが示された。さらに、導入の動機については職員主導が首長主導を上回っており、先行自治体においてはボトムアップ型のアプローチで導入されたことが窺えた。その一方で、職員数に関しては一定の傾向は示されなかった。

五　静岡県内の自治体に関する分析

1　静岡県内における先行自治体の状況

前章までの内容を踏まえ、静岡県における現在の状況について整理しておきたい（表5・表6）。

前述の先行自治体に関する調査から二年が経過した二〇二〇年一二月時点において、県内でAIを導入している自治体は全体の約三割にあたる一一団体、RPAを導入している自治体は全体の半数近くの一六団体となっている。静岡県内における先行自治体の傾向としては、人口規模の比較的大きい自治体に取組が集中しており、町での導入自治体は長泉町のみとなっている。次に、財政力指数については一を超える自治体がAIでは二団体、RPAでは三団体存在し、導入自治体の平均はAI・RPA共に〇・九一となっており、これは県内市町の平均である〇・八六を上回る値となっている。全国の傾向と同様に、静岡県内においても財政力の比較的豊かな自治体から取組が進んでいる状況である。[29]

2　静岡県内自治体の今後のDX推進における課題

上述のように半数程度の自治体がAI・RPAの導入に向けた取組を行っているが、先行自治体と未着手の自治体との間に、DX推進に向けた課題に対する認識に差があるのだろうか。ここでは、筆者が県内全市町に対して行ったアンケート[30]をもとに見ておきたい。

アンケートの質問項目は以下の通りである。

問：貴自治体において、デジタル・トランスフォーメーション（DX、デジタル変革）を推進していくうえでの重要と考える要因、あるいは今後取組を進めていくうえでの課題として、当てはまるものはどれでしょうか。以下のうち、特に重要と考えるものを、項目ごとに二つまでお選びください（複数回答）。

表 5　静岡県内の AI 導入市町（2020年12月現在）

	人　口	財政力指数	導入状況		導入の動機						BPR実施有無	推進主体		
			本格導入	実証実験	首長のイニシアティブ	担当課からの要望	担当課以外の庁内部署からの提案	ソフト提供会社からの提案	他団体での導入（実証実験も含む）効果	共同利用グループ・共同研究会の推進		情報政策担当課	業務担当課	行政改革担当課
浜 松 市	789,032	0.86	○		○	○		○	○		無		○	
沼 津 市	188,031	0.96	○						○		有	○		
三 島 市	107,518	0.92	○		○	○			○	○	無	○		
島 田 市	95,405	0.74	○		○	○			○		無	○		
磐 田 市	165,825	0.84	○		○	○	○		○		有	○	○	
焼 津 市	136,209	0.88	○		○						無	○		
藤 枝 市	141,158	0.88	○	○		○		○			無		○	○
御殿場市	86,570	1.06	○			○			○		有	○		
袋 井 市	86,899	0.88	○	○			○			○	未回答	○		
菊 川 市	47,311	0.77	○			○					無	○		
長 泉 町	43,277	1.27		○							無	○		

（出典）総務省（2021）「（R 2 年度版）AI 導入団体詳細調査結果」、https://www.soumu.go.jp/main_content/000760278.xlsx をもとに作成。
人口は2020年12月 1 日現在の市区町別推計人口、財政力指数は2020年度のデータにもとづく。

表 6　静岡県内の RPA 導入市町（2020年12月現在）

	人口	財政力指数	導入状況		導入の動機					BPR実施有無	推進主体			
			本格導入	実証実験	首長のイニシアティブ	担当課からの要望	担当課以外の庁内部署からの提案	ソフト提供会社からの提案	他団体での導入（実証実験も含む）効果		情報政策担当課	業務担当課	行政改革担当課	その他
静岡市	686,877	0.89		○		○	○			有	○			
浜松市	789,032	0.86	○		○	○	○		○	有				○
沼津市	188,031	0.96	○			○			○	有	○			
三島市	107,518	0.92	○		○	○		○	○	有	○	○	○	
島田市	95,405	0.74	○		○	○		○	○	無	○			
富士市	243,906	1.01	○						○	有	○			
磐田市	165,825	0.84	○		○	○	○		○	有	○			
焼津市	136,209	0.88	○			○		○		有	○			
掛川市	114,035	0.90	○					○		有			○	
藤枝市	141,158	0.88	○			○				無	○			
御殿場市	86,570	1.06	○				○	○	○	有	○			
袋井市	86,899	0.88	○				○			有	○			
湖西市	57,795	1.05	○		○				○	有	○			
菊川市	47,311	0.77	○			○		○		無	○			
伊豆の国町	46,398	0.69	○			○		○		無	○			
長泉町	43,277	1.27		○	○					無	○			

（出典）総務省（2021）「（R 2 年度版）RPA 導入状況調査結果」、https://www.soumu.go.jp/main_content/000760277.xlsx をもとに作成。
人口は2020年12月 1 日現在の市区町別推計人口、財政力指数は2020年度のデータにもとづく。

【庁内での位置づけ】
・首長の意向・リーダーシップ
・デジタル・トランスフォーメーションに関する独立した戦略・計画の策定
・職員のデジタル変革、デジタル技術に対する理解、リテラシーの向上
・費用対効果に関する中長期的な視点（短期での成果にこだわらない）
・その他
【組織・人員面】
・担当課の人員の確保、増員
・外部人材の登用
・国及び県の人的支援
・所掌事務・権限の拡大、全庁横断的な組織への改組
・その他
【財政面】
・取組を進めるための予算の手当
・国および県の財政的支援
・複数の市町村での事業の共同実施による「割り勘効果」の発現
・費用負担の少ない実証実験の積極的な実施
・その他
【制度・進め方】

・書面・押印など、非デジタルを前提とする法制度等の見直し
・実証実験等を柔軟に行えるための仕組みづくり
・既存の業務プロセスの見直し（デジタル技術を活用しても業務が可能となるようなプロセスへの再設計）
・取組範囲の絞り込み（一気に多くのことを求めず、アジャイル型で小さな成功を重ねる）
・その他

【庁外（執行機関以外）との関係】
・議会の理解
・住民の理解、リテラシーの向上
・協働可能な企業等が豊富に存在すること
・先進事例が入手できる仕組みや他の市町村と情報交換ができる場づくり
・その他

【技術面】
・デジタル技術の精度・安全性・信頼性の向上
・デジタル技術の活用に必要なデータの収集
・ネットワーク／通信の安定性確保
・プログラミング等の専門知識がない職員でも使えるツールの存在
・その他

ＡＩまたはＲＰＡのいずれかを導入している自治体（以下「導入済自治体」とする）、両方とも導入していない自治体（以下「未導入自治体」とする）との回答結果を項目ごとの上位二つの回答に関して比較する。第一に、庁内での位置づけに関しては、導入済自治体、未導入自治体とも、最も多かったのが「職員のデジタル変革、デジタル技術に対する理解、リテラシーの向上」、次いで「首長の意向・リーダーシップ」となり、両者の間に差は見られなかった。第二に、組織・人員面に関しては、導入済自治体は「所掌事務・権限の拡大、全庁横断的な組織への改組」が最も多く、次いで「担当課の人員の確保・増員」と「外部人材の登用」が同数で並んだ。一方、未導入自治体では「担当課の人員の増員・確保」が最も多く、次いで「所掌事務・権限の拡大、全庁横断的な組織への改組」となり、導入済自治体では重視された「外部人材の登用」については回答数が低くなっており、両者に差が見られた。第三に、財政面に関しては、導入済自治体、未導入自治体双方において、「国および県の財政的支援」が最も多く、次いで「取組を進めるための予算の手当」は少なかった。また、現在国においてＡＩ・ＲＰＡも含めて推進されている共同利用を重視する自治体は導入済自治体では一団体、未導入自治体でも三団体であり、国の政策意図と自治体職員の意向との間に（少なくとも現時点においては）認識に差が見られることも明らかになった。第四に、制度・進め方に関しては、導入済自治体、未導入自治体双方において「既存の業務プロセスの見直し」が最も多く、次いで「書面・押印など、非デジタルを前提とする法制度等の見直し」であり、いずれのカテゴリーにおいても既存業務のＩＣＴ化に留まらず業務改革を行うことが重要であるとの認識を有することが明らかになった。第五の点として、庁外（執行機関以外）との関係に関しては、導入済自治体では「住民の理解、リテラシーの向上」が最も多く、次いで「協働可能な企業が豊富に存在すること」と「先進事例が入手できる仕組みや他の市町村と情報交換できる場づくり」が同数で並んだ。一方、未導入自治体では「先進事例が入手できる仕組みや他の市町村と情報交換できる場づくり」が最も多く、次いで「住民の理解、リテラシーの向上」となり、両者の間で優先順位が逆転する結果となった。第三章で述べたような国の政策が進む中で、未導入自治体においては、他の自治体の流れに乗って導入を進めるうえで相互参照先を求める需要が高いことが明らかになったと言える。最後に、技術面に関しては、導入済自治体では「デジタル技術の精度・安全性・信頼性の向上」が最も多く、次いで「デジタル技術の活用に必要なデータの収集」となった。一方、未導入自治体では「プログラミング等の専門知識がない職員でも使えるツールの存在」が最も多く、次いで「デジタル技術の精度・安全性・信頼性の向上」となった。導入済自治体では、既に活用に着手している経験を踏まえ、さらなる技術向上を求めると共に、活用の幅を拡大するために必要なデータ整備を課題として認識しているのに対し、未着手自治体では、デジタル技術に精通した人材の制約に対する解決策として、専門知識を有しない職員でも使えるツールの活用を通じて、当座のDXを進めていこうとする姿勢が窺える結果となった。

3　小括

静岡県内においては今後、町をはじめとして比較的小規模の自治体におけるDXの推進が政策課題として顕在化するものと考えられる。その際には、組織改編に先んじて人員の確保が急務の課題となっている。「自治体DX推進計画」などにおいても人材育成・確保は課題として認識されており、課題解決に向けた方策も示されているが、これらの方策が実現可能であるか、今後の政策展開が注目される。その一方で、デジタル人材を即座に確保することは容易ではない点に鑑みれば、既に総務省が実施している事例集の作成に加え、具体的施策を検討する手がかりとしての相互参照の仕掛けづくりも必要とされていることが県内市町への調査から明らかになったと見ることができる。

六　考察と研究上の課題

政策波及の理論枠組みを援用して自治体DXの広がりを分析した結果、以下のような結論が導出される。一点目に、自治体DXにおいては、二〇一八年の「自治体構想二〇四〇戦略研究会」の報告書によるスマート自治体への転換の必要性の提唱に端を発し、その後スマート自治体研究会報告書における導入すべき分野及び具体的な先行事例の提示、および革新的ビッグデータ処理技術導入推進事業やスマート自治体行政プロジェクトをはじめとする導入支援事業の創設が横並び競争の契機となった。二点目に、国によるこれらの政策採用以前に取組に着手していた先行自治体の内生条件に関して、自治体の規模については、都道府県および政令指定都市についてはほぼ一様なペースで取組が進む一方、それ以外の市区町村については大規模自治体ほど先行するといった直線的な特徴は見られず、小規模自治体でも先進的な取組を行う団体が存在した。また、財政力に関しては、DXを行政改革、公共サービス改革の一環と見なすのであれば財政制約が厳しい自治体から着手すると考えられるが、実際には財政力に比較的恵まれた自治体が先行していた。また、行政内部の要因を見ると、先行自治体においては職員主導により取組を推進した自治体の割合が高く、大杉の類型における政策企業型職員の役割が確認されると同時に、首長のリーダーシップとも結びついて取組を進めた自治体も見られた。三点目に、相互参照に関して先行自治体では自治体共同での研究会といった仕掛けや、職員の情報収集がその手段となっていた。また、静岡県内市町へのアンケートを通じて、横並び競争が始まっている現時点において、取組に未着手の自治体が相互参照の仕掛けを強く求めていることが明らかになった。このことは、伊藤の政策波及理論を修正した外川・安藤による理論枠組みにも符合するものである。

今後の研究上の課題として、第一に、自治体情報システムの標準化・共通化における政策波及の分析が挙げられる。自治体DXのうち、本論文で取り上げたAI・RPAの活用は、どの分野・業務に導入するかは自治体の判断に委ねられるため、自治体の裁量がある程度存在する。一方、現在進められている自治体システムの標準化・共通化は法律で対象が基幹一七業務と定められており、自治体の裁量は小さいものとなる。そのような裁量の大小が、政策波及にどのような差異をもたらすかは検討の余地が残されている。第二に、自治体におけるDX計画に関する分析の可能性を指摘したい。二〇二〇年の自治体DX推進計画、および自治体DX推進手順書を受けて、各自治体ではDX計画の策定が急速に進められており、静岡県内の市町においても二〇二二年に入って計画策定自治体が急増した。AI・RPA導入と異なり、DX計画は内容の分析が可能になることから、伊藤が行ったクラスター分析や、相互参照のメカニズムの解明が期待されるため、同計画の分析は政策波及の理論枠組みの発展に貢献を果たし得るものと考えられる。

注

※本論文の内容の一部は、静岡県立大学特別研究推進費（区分2：地域振興）による研究成果である。また、静岡県内市町へのアンケートにおいては、年度末にかかる時期にもかかわらず、各自治体の担当課職員の方々に多大なる協力をいただいた。この場を借りて改めて御礼申し上げたい。

（1）ＲＰＡ（ロボティクス・プロセス・オートメーション）とは、これまで人間が行ってきた定型作業を自動的に処理するソフトウェアを指す。

（2）以下の記述は、伊藤修一郎（二〇〇六）『自治体発の政策革新―景観条例から景観法へ』木鐸社、二六―四〇頁に依拠する。

（3）伊藤による景観条例制定に関する研究では不確実性を、条例が期待する効果をあげるかどうかや、思わぬ反対や不測の事態を招かないかに関する技術的不確実性と、上位政府の反対を受けないかどうかに関する対外的不確実性に分類している（伊藤、前掲書、三一頁）。

（4）伊藤修一郎（二〇〇三）「自治体政策過程における相互参照経路を探る―景観条例のクラスター分析―」、日本公共政策学会『公共政策研究』三巻、七九―九〇頁。

（5）ただし、規模の近接性については市、町村、県の区分で見ているため、規模よりもむしろ制度的位置づけの違いを反映している可能性がある点を伊藤は言及している。

（6）以下の記述は、外川伸一・安藤克美（二〇一五）「自治体政策過程に関する動的相互依存モデルと相互参照」、山梨学院生涯学習センター『大学改革と生涯学習：山梨学院生涯学習センター紀要』一九号、二五―五二頁に依拠する。

（7）以下の記述は、岡本哲和（二〇〇二）「地方政府における政策の再革新の研究」、日本行政学会『年報行政研究』三七巻、一三〇―一四九頁に依拠する。

（8）以下の記述は、堀篭義裕（二〇〇九）「地方政府における政策革新のマルチエージェント・シミュレーション」、岩手県立大学総合政策学会『総合政策』一〇巻二号、一二五―一三六頁に依拠する。

（9）以下の記述は、M.Lněnička（二〇一五）'E-government Development Index and its Comparison in the EU Member States,' University of Pardubice "Scientific papers of the University of Pardubice. Series D, Faculty of Economics and Administration," Vol.22 Issue34, pp.75-87 に依拠する。

（10）詳細は、拙稿（二〇一九）「国連電子政府ランキングに基づく電子政府の進捗度と経済成長及び財政収支との関係性の分析」、行政情報システム研究所『行政&情報システム』五五巻一号、八七―九〇頁を参照されたい。なお、EDGIが〇・七五以上の国は四〇か国存在するが、実際の分析は必要なデータが一部欠落している二か国を除いた三八か国で分析を行っている（うち先進国が三一か国、発展途上国が七か国）。

（11）以下の記述は、大杉覚（二〇一七）「首長・職員関係の行政学」日本行政学会『年報行政研究』ぎょうせい、四八―六八頁に依拠する。

（12）大杉覚、前掲書、五六頁。

（13）大杉覚、前掲書、五七頁。前例踏襲型組織は、官僚制の病理として過去から引き継がれる組織風土である慢性前例踏襲型と、突然の首長交代による政策転換に対応できないことによる急性前例踏襲型とに区分される。

（14）同上。

（15）同上。

（16）大谷基道（二〇一七）「都道府県における新たな政策に係る人材の確保―出向官僚と民間人材の活用―」、日本公共政策学会『公共政策研究』一七巻、六九―八二頁。

（17）18Fは、一般調達庁（GSA）に設置された組織で、各省庁のデジタルサービス実現に関する取組を支援する組織である。

（18）高度情報通信ネットワーク社会推進戦略本部・官民データ活用推進戦略会議（二〇一七）「デジタル・ガバメント推進方針」、二頁。

（19）デジタルファーストとは、デジタルでの処理を前提としたサービス設計を行うことであり、コネクテッド・ワンストップとは、民間サービスも含む形での組織横断によるサービス提供を行うことである。また、ワンスオンリーとは、一度行政機関に提出された情報に関して再度提出を求めないことである。

（20）岡田は、本研究会の設置は未来投資会議の報告書「未来投資二〇一七」において「Society5.0」が新しい言葉として登場し、地方自治体のあり方や行財政分野も成長戦略の明確なターゲットとした動きに対応したものとしている（岡田知宏「安倍政権の成長戦略と『自治体戦略二〇四〇構想』―公共サービスの『産業化』政策を中心に―」、日本地方自治学会編『地方自治叢書三三　二〇四〇問題と地方自治』敬文堂、七頁）。

(21) ここでのロボティクスとは、上述のRPAとほぼ同義を指すものである。なお、同報告ではAI、ロボティクス、IoTなどの技術を破滅的技術と称している。

(22) いずれも総務省に設置された研究会である。「地方自治体における業務の標準化・効率化に関する研究会」は二〇一四年五月から一二月にかけて開催され、二〇一五年一月に報告書を公表している。また「地方公共団体のクラウド導入におけるカスタマイズ抑制等に関する検討会」は二〇一七年一二月から二〇一九年二月に開催され、検討結果は同年三月の「地方公共団体の自治体クラウド導入における情報システムのカスタマイズ抑制等に関する基本方針」および「自治体クラウド導入時の情報システム調達におけるカスタマイズ抑制のためのガイドライン」に反映されている。

(23) 同時期に、AIやRPAの活用に必要となるデータの整備についても、二〇一八年にデータを部局・分野横断的な活用による効果的な政策立案、住民サービス向上を行うための手引書である「地方公共団体におけるデータ利活用ガイドブック ver.1.0」を策定すると共に、自治体の取組をノウハウ面で支援する「課題解決型自治体データ庁内活用支援事業」を実施した（対象：一九団体）。本事業の成果を踏まえ、二〇一九年にはガイドブックを改定し、「地方公共団体におけるデータ利活用ガイドブック ver.2.0」として公表した。

(24) 同ワーキンググループで取り扱う論点は多岐に亘るため、主に業務システム、地方共通のデジタル基盤、民間のデジタル化支援、準公共部門のデジタル化支援、およびデータ利活用に関して論点整理を行う作業部会が設置された。

(25) 各府省に対しては、AI・RPA等の活用により効率化が見込まれる部分として、(一) 審査、調査、問い合わせ対応等の国民や企業の利便性に直結する業務、(二) 継続・反復的に行われる業務、(三) 意思決定や判断に直接関わらない業務（入力・転載作業や形式審査等）が挙げられている。

(26) 内閣官房高度情報通信ネットワーク社会推進戦略本部（二〇一九）「デジタル・ガバメント実行計画」、八八頁。

(27) もっとも、同計画においてはDXに関する定義自体は明確には示されていない。菅原は、DXの提唱者であるエリック・ストルターマンの定義を踏まえつつ、行政実務上はこの定義は不十分であるとして、DXを「自治体と住民等がデジタル技術も活用して、住民本位の行政・地域・社会を再構築するプロセス」と定義している（菅原直敏（二〇二一）「自治体のデジタルトランスフォーメーション」、行政情報システム研究所『行政＆情報システム』五七巻一号、三一頁）。また廣川は、自治体DXを「デジタル技術を活用して、業務の生産性や効率性を改善することだけでなく、住民の利便性に加えて、自治体経営のあり方や住民との関係、組織風土や文化、組織マネジメント、職員の働き方などを根本的に改善することであり、そのことにより、地域創生を図るもの」としている（廣川聡美（二〇二一）「自治体DXを定着させるために」地方公共団体情報システム機構『月刊 J-Lis』六〇二号、三五頁）。いずれの定義においても、行政、地域、社会、多様な主体との関係の再構築まで射程に含んでいる点において、これまでのICT化よりも広い範囲を含む概念と捉えられる。

(28)「自治体DX推進手順書」は自治体DXの手順に関するドキュメント群であり、自治体DX全体手順書、自治体情報システムの標準化・共通化に係る手順書、自治体の行政手続のオンライン化に係る手順書、および自治体DX推進手順書参考事例集から構成される。

(29) 政令指定都市である静岡市および浜松市を除く先行自治体の財政力指数の平均は、AI・RPA共に〇・九二であり、こちらも政令指定都市を除く市町の平均〇・八八を上回る。

(30) 本アンケートの実施にあたっては、個別の自治体と回答内容が紐づかないことを条件に協力をいただいた自治体も存在するため、ここでは大まかな形での回答結果の紹介となることをご了承いただきたい。

（まつおか　きよし・行政学）

Ⅲ　自治体をめぐる政策と裁判

1　自治体行政のデジタル化と個人情報保護

庄村勇人
（名城大学）

一　はじめに

本論文では、「自治体行政のデジタル化と個人情報保護」について論じる[1]。周知のように二〇二一年、デジタル改革関連六法[2]が菅政権の下で成立し、それに合わせて、情報システムの標準化・共同化、デジタル庁の設置、マイナンバーカードの「普及」のための諸施策の強行、そして岸田政権下のデジタル田園都市構想の推進などが矢継ぎ早に行われている。自治体は、国による強力な「誘導」により、これらの政策を実質的に受け入れざるを得ない状況に置かれてきた。それは自治体等に無理な作業を強いることとなり、結果的に個人情報の漏えいという形で、住民の権利を侵害している[3]。

このような諸施策とともに行われたのが、個人情報保護制度の改革である。すなわちデジタル改革関連六法の一つである「整備法」によって個人情報保護法が大きく改正され、自治体に適用される個人情報保護の仕組みは同法51条によって規律された。改正後の仕組みは、二〇二三年四月一日に施行されて[4]いるが、その主な内容は、すでに多くの自治体で整備されてきた個人情報保護条例を一旦「リセット」

し、国の個人情報保護法で共通的な規制内容を定めるとともに（共通化）、同時に監督機関も個人情報保護委員会（以下、「個情委」とする。）に一元化するものとなっている。その意図は、個人情報の利活用を進めるための改革であり、後述するように、これまで自治体の個人情報保護条例で行われてきた個人情報の保護のための規制の「緩和」である。そこでは個人の尊重という憲法的価値を忘れたかのような状況も生まれている。さらに注意しなければならないのは、これらの改革が地方自治原則と緊張関係を有する形で行われているという点である。特に、個人情報保護を担当する個情委が、自治体の個人情報保護に向けた独自の施策の提案に対して厳しく対応してきており、団体自治という点から疑問のあるものとなっている。技術的な問題としてのデジタル化そのものはこれからの社会にとって必要かもしれないが、憲法的価値との抵触関係するデジタル化であれば、これを放置することはできない。

本稿では、このような問題意識にもとづいて、デジタル改革関連法に伴う個人情報保護制度の改革について考察することとしたい。まず、デジタル改革関連法の制定に至るまでの背景を若干検討する（「二」）。その上で個人情報保護制度の改革について、「個人情報保護制度の見直しに関するタスクフォース」（以下、「TF」とする）の「最終報告」や個情委の「公的部門…における個人情報保護の規律の考え方」（二〇二一年六月）などを踏まえつつ考察したい（「三」）。最後に「地方自治」の視点からの個人情報保護制度の改革の評価と個人情報保護法改正後の自治体による対応について検討してみたい（「四」）。

二　国による自治体行政デジタル化の背景

1　個人情報の利活用に向けた制度と議論の状況

政府は二〇〇一年に高度情報通信ネットワーク本部（ＩＴ戦略本部）を立ち上げて、「e-Japan 戦略」の策定を行いＩＴ利活用を目指してきたが、国民はその「成果を実感するに至っていない」し、ＩＣＴの世界競争力という視点でも多くの国の「後じんを拝している」と認識されていた。(5) この状況を打破するため、二〇一三年「世界最先端ＩＴ国家創造宣言」において、「ＩＴに関する政府全体の戦略」について「総合的に取りまとめ」る司令塔としてＩＴ戦略本部を「ＩＴ総合戦略本部」へと改組し、省庁横断的な課題に「横串」を通すこととした。また、「ヒト」、「モノ」、「カネ」と並んで「情報資源」は「新たな経営資源となる」との認識を持ち、「情報資源」の活用こそが「経済成長をもたらす鍵」となるとする。そしてビッグデータやオープンデータのように、「分野・領域を超えた情報資源の収集・蓄積・融合・解析・活用」によって「新たな付加価値を創造」し、「新たなイノベーションを可能とする社会の構築」を目指すこととされている。(6) そこでは「情報」の「活用」に焦点を当てていることが分かる。

同じく二〇一三年には行政手続における特定の個人を識別するための番号の利用等に関する法律（以下、「番号法」とする）が制定され、二〇一五年に個人情報保護法、二〇一六年には行政機関個人情報保護法がそれぞれ改正され、「匿名加工情報」、「非識別加工情報」という形で個人情報を利活用するための概念が創設された。

二〇一六年には、官民データ活用基本法を制定してオープンデータ政策を採用するとともに、国及び地方公共団体の「施策の整合性の確保」（同法第19条）という形で、国が自治体に対してデータの利活用政策を求める根拠が整備された。

二〇二〇年には、第三二次地方制度調査会の答申「２０４０年ころから逆算し顕在化する諸課題に対応するために必要な地方行政体制のあり方等に関する答申」が出され、人口減少、コロナ対応の一つとして「地方行政のデジタル化」がテーマとして挙げられた。その中では「地方公共団体の情報システムの標準化」や「AI等の活用」と並んで、「データの利活用と個人情報保護制度」について問題提起がされ、「個人情報保護条例においては、個人情報の定義や制度内容に差異が存在するほか、独自の規制を設けている場合もあり、官民や官同士での円滑なデータ流通の妨げ」となっているとの認識が示された。

同じく二〇二〇年一二月には、内閣官房に設置されたTFによって、「個人情報保護制度の見直しに関する最終報告」（以下、「最終報告」）が出され、その内容に基づき、二〇二一年の通常国会での改正法案の提出をめざすものとされた(7)。具体的な内容は後述するが、そこでは個人情報保護条例による個人情報保護規制を緩和する方向性が示されている。

このように二〇一三年以降の政府の諸施策は、地方行政のデジタル化を強力に推進し、その上で収集保管されることとなった「情報」をいかに活用するかが目的とされ、その結果、「国民の利便性向上」や「行政の効率化」のみならず、「公共データのオープン化」等によるデータ利活用環境の充実をはかり、「科学技術イノベーション」の推進が可能になるとのことである(8)。個人情報はこのような目的を実現するために重要な要素とされている。

2　デジタル改革関連法にみる政治的・権力的契機

ここでは、個人情報保護法を改正した整備法以外のデジタル改革関連法の内容を確認したい。そこでは政府によるデジタル化に関する諸改革が、技術的なデジタル化にとどまらない側面がある点に注目したい。

まず、デジタル社会形成基本法では、「デジタル社会の形成」が「我が国の国際競争力の強化」、「国民の利便性の向上」に資するとともに、「少子高齢化の進展」等「我が国が直面する課題を解決する上で極めて重要」との認識を示したうえで、デジタル社会の形成に関する「基本理念」、「基本方針」を定めるとともに、国、地方公共団体及び事業者の責務を定め、かつ「デジタル庁の設置」および「デジタル社会の形成に関する重点計画の作成」について定めることによって、デジタル社会の形成に関する施策を「迅速かつ重点的に推進」し、「我が国経済の持続的かつ健全な発展」と「国民の幸福な生活の実現に寄与すること」が目的とされている（同法1条）。そしてその基本理念として、「すべての国民が情報通信技術の恵沢を享受できる社会の実現」（同法3条）、「経済構造改革の推進及び産業国際競争力の強化」（同法4条）など政策的な内容が並ぶ一方、注意すべきは同法9条において「デジタル社会の形成に当たっては、民間が主導的役割を担うことを原則」とするというように民間によるデジタル化が想定されていることである。そして他方で国や地方公共団体は、「公正な競争の促進、規制の見直し等デジタル社会の形成を阻害する要因の解消」等の施策を行うとされる。ここでは民間が進めるデジタル社会の形成を阻害するような「法的規制」を緩和することなどが想定されている。

この点は、岸田政権下におけるデジタル臨時行政調査会における議論にも受け継がれており、二〇二三年六月一六日施行のデジタル社会形成基本法の一部改正、また「情報通信技術を活用した行政の推進等に関する法律」（以下、「デジタル手続法」とする）の改正などにもみられる。特に改正後の基本法36条においては、「デジタル社会の形成に関する施策の策定」に際して、国、地方公共団体および事業者の業務の処理について、「これに関連する規制により情報通信技術の進展の状況を踏まえたその効果的な活用が妨げられないようにするための必要な措置」を講ずる義務が定められ、また同法38条においては、政府が定める「重点計画」に「情報通信技術の効果的な活用のための規制の見直しに関し政府が迅速かつ重点的に講ずべき施策」を定めるよう規定している（同法38条2項15号）[9]。

このように、この間のデジタル化に関わる法制は、デジタル社会の形成こそが何よりも重視するべき最優先の価値として設定されており、個別法による公共の利益の確保のための要件や手続きなどはそれを「阻害する要因」として「解消」の対象となっているようである。

次に、デジタル庁設置法についてである。デジタル庁は「内閣」に置かれ（同法2条）、「デジタル社会の形成に関する内閣の事務を内閣官房と共に助けること」（同法3条1号）とされており、東日本大震災からの復興に関して大きな権限を持つ復興庁と、その組織に関する文言上同じ位置づけとなっている[10]。さらにデジタル庁は、デジタル庁の分担管理事務（同法4条2項）だけでなく「内閣補助事務」（同条1項）も所掌しており、二重の性格を持つものといえる。内閣総理大臣がデジタル庁の長とされ（同法6条1項）、デジタル庁令発令権（同法7条3項）、デジタル庁の所掌事務についての告示・訓令・通達発出権をもつ（同条5―6項）。その内閣総理大臣を助け、事務を統括し、職員の服務を統督する（同法8条3項）デジタル大臣は、関係行政機関に対して説明要求権（同条4項）や勧告権（同条5項）を有し、当該勧告について関係行政機関は「十分に尊重」することとされている。

このような権限を付与されたデジタル庁に関しては「内閣補助機関化」が進展しているとの評価がある。それは、国家行政組織法の下で立法権の下に置かれてきた国の行政機関の系統的構成が崩れ、内閣・内閣総理大臣・内閣官房の下での一体的構成へと転形していることへの警鐘である[11]。また、デジタル庁設置法では、内閣補助事務であろうが分担管理事務であろうが、個別の法律の根拠を求めず、さらに閣議決定すら求められない行為があり、デジタル庁自身が自らに属する事務を自由に決めることを容認している。例えば、同法4条1項3号では、「前二号に掲げるもののほか、デジタル社会の形成のための施策に関する企画及び立案並びに総合調整に関すること」とされるが、「閣議において決定された基本的な方針」に基づくことが求められていない。また同法4条2項22号では、デジタル庁の所掌事務について、「前各号に掲げるもののほか、専らデジタル社会の形成を目的とする事務及び事業に関すること」とされ、法律に根拠がなくてもデジタル庁が判断すれば自らの事務にできる、ともされている。これらは行政組織法律主義に反するものといえよう。[12] デジタル庁の設置を契機として、法治主義や分権型の政治行政体制が後退したものといえる。

最後に地方公共団体情報システムの標準化に関する法律についてである。地方公共団体の情報システムについては、利用される様式や表示の方法などがバラバラであり、かつ一たびベンダと契約をすると当該ベンダに依存せざるを得ない状況（ベンダロックイン）が生まれていた。その様式や表示の方法等について一定の標準化を行い、コストを削減し、ベンダロックインを解消し、行政サービスの改善と住民の利便性向上や行政運営の効率化が目指されてきた。[13] 第32次地方制度調査会答申や「デジタル・ガバメント実行計画」では情報システムの標準化やGov-cloudへの共同化の方向性が示され、その旨標準化法において明文で規定された。そこでは「標準化対象事務」（20事務）が政令で定められ（標準化法第2条1項）、地方公共団体情報システムに必要とされる「機能等」について「統一的な基準に適合した地方公共団体情報システムを地方公共団体が利用すること」が「標準化」とされる（同条3項）。標準化法における「標準化」は自治体の「基幹業務システム」を対象としているが、[14] これは国が一定の拘束力を持って関わることが許される程度を勘案してのものという説明がされている。[15]

この標準化法については、「標準化対象事務」が政令事項とされている点について、何を標準化対象事務とするかが内閣の事項とされ自治体の事務の根拠が憲法65条に含まれるとするのであれば、違憲性の疑いもあることが指摘される[16]。また、標準化対象事務以外の事務を「地方公共団体情報システムを利用して一体的に処理することが効率的であると認めるとき」、「必要な最小限度の改変又は追加を行うことができる」としている点については、むしろ原則と例外の逆転現象が起こっているように思われる。標準化された情報システムに合わないから独自施策をやめるという対応は、地方自治の観点からみて本末転倒である。自治体独自の施策の選択肢がシステムの論理で制約されることは問題があり、この意味で最初から余裕を持った情報システムとするべき必要がむしろ高いと言えよう[17]。

以上のように、政府によって進められてきた行政のデジタル化の諸施策の特徴は、デジタル化が様々な社会課題に対して万能であることを前提としていること、他方において、法治主義や地方自治といった憲法上の諸価値については重要視していないように見受けられる。このようなデジタル改革関連法と同時に、個人情報保護制度が「改革」されたということをまずは確認しておく必要があろう。

三　デジタル改革関連法における個人情報保護制度改革の論点

1　個人情報保護制度の「改革」の理由

個人情報保護法は、二〇一五年改正の際に、個人情報の「保護」と並んで「利活用」を念頭に置いた改正を行っていた。そこでは「個人情報の適正かつ効果的な活用が新たな産業の創出並びに活力ある経済社会及び豊かな国民生活の実現に資するものであること」その他の個人情報の有用性に配慮しつつ、「個人の権利利益を保護することを目的とする」(二〇一五年改正後の個人情報保護法を、以下「二〇一五年改正個法」とする。）（1条）とされていた。この点は、二〇一六年の行政機関の保有する個人情報の保護に関する法律（以下、「行個法」とする。）にも受け継がれ、同様の文言が1条に挿入されていた（行個法1条）。また、上述のように「非識別加工情報」（行個法2条8項）を設置し、個人と識別できなくしたうえで情報を利活用する仕組みが整備され、事業者等からの「提案の募集」制度も導入された（行個法44条の4―44条の16）[18]。このように個人情報の利活用を想定した規定が整備される一方、二〇一六年改正後の行個法では、民間に比して「個人情報」の概念を広く想定すること（容易照合性を採用していない）（行個法2条2項1号）、非識別加工情報については他の情報との照合が禁止されず「個人情報」として管理の対象となること、そして要配慮個人情報（同法2条4項）や個人識別符号（2条3項）といった規定も整備され個人情報の定義を明確化するといった、個人情報の「保護」のための制度も一定程度整備されていたところである。なお自治体に関する規定としては、行個法には規定が存在しなかったが、個人情報保護法に「地方公共団体の責務」として「この法律の趣旨にのっとり、その地方公共団体の区域の特性に応じて」、必要な施策の策定・実施の責務が規定され（二〇一五年改正個法）、同法11条においても「その保有する個人情報の性質、当該個人情報を保有する目的等を勘案し、その保有する個人情報の適正な取扱いが確保されるよう必要な措置を講ずる」努力義務が課されていた（同法第11条）。

さてこのように二〇一五年改正個法においても「利活用」を想定した制度改正が行われていたが、更なる「改正」が求められた。その理由として、①「情報化の進展や個人情報の有用性の高まり」を踏まえた「官民や地域の枠を超えたデータ利活用の活発化」に際して、「現行の縦割りに起因する規制の不均衡や不整合（法の所管が分かれていることに起因する解釈上の不均衡や不整合を含む）がデータ利活用の支障となる事例」が「顕在化」しつつあり、その「不均衡や不整合」を「是正」する必要があるという点、②今後のデジタル化の推進にあたり、増大が予想される「官民のデータ流通を個人情報保護の観点から適正に規律し、個人の権利利益を引き続き十全に保護する」ため、「公的部門・民間部門の別を問わない新たな監視監督体制の確立」の必要性、③国境を超えたデータ流通を行う局面の増加に伴い、「EU一般データ保護規則第45条に基づくデータ越境移転に関する十分性認定」への対応等の必要性から、個情委による一元的な所管体制が必要である点、④地方公共団体ごとの条例の規定や運用の相違が「データ流通の支障となり得る」こと、医療分野や学術分野等の官民の共同作業が特に重要な分野について「地方公共団体の条例を含む当該分野の個人情報保護に関するルールが不統一であることが円滑な共同作業の妨げ」となっていること[19]など、いわゆる個人情報保護条例の「2000個問題」とされている点が挙げられている[20]。

本論文の観点からは、これらのうち特に④について取り上げたい。いわゆる個人情報保護条例の「2000個問題」とは、全国二〇〇〇の自治体等それぞれに個人情報保護条例が制定されることが国内へのデータ流通の支障となるとして「問題」視され、これを解消するための議論である。論者によると、自治体ごとに「区域の特性に応じた個人情報の取扱いを必須とする具体の事例はあるのか」と問題提起し、「少なくとも『デジタル化された個人情報』（というより処理情報）については、まずはそのルールを国内で統一し、オープンデータ政策、ビッグデータ政策等に資するように国内のデータ流通の阻害要因を取り除くべき」としたうえで、二〇一五年改正個法5条は「見直すべき」としていた[21]。ただ他方で、個人情報保護法の改正に関わった担当者によると、個人情報保護条例の内容は団体ごとにきわめて多様で、一元化することはできないという通念があったが、全地方公共団体の調査を行って通覧したところ、実はそうでもなく、「かなりの部分が共通していた」との指摘がある。[22] 今回の「改正」の立法事実が崩れるような指摘であり、二〇〇〇個「問題」は生じていなかったのではないかという懸念が残る。

しかし、このようにもともと各主体ごとに条例を制定する「主体区分主義」（＝分権型個人情報保護法制）をとっていたことの意味は、「分権時代の配慮」の結果としてむしろ評価されてきたところである。[23] さらに自治体ごとに条例があることの意義として、「認知の先導性」、すなわちその地域の事務について国が認識しにくい個人情報保護に係る問題を国よりも早期に認識して対策をとることができることがある。[24]「2000個問題」というフレーズそのものが今回の改革に及ぼした影響は大きく、「問題」という表現そのものが、個人情報保護法制の分立が直ちに弊害との印象付けに「役立ち」、公的部門と民間部門の規律を分離するいわゆる「セグメント方式」と個々の自治体ごとに条例を制定する「分権型個人情報保護法制」の持つ意義、長所から目を背けさせるという効果をもったとされている。[25]

2　個人情報保護の規律の緩和

(1)「改正」の概要

整備法に基づく個人情報保護制度の「改正」は、上記のような背景のもと、国レベルでは、個人情報保護法（二〇二一年改正後のものを、「改正個法」とする。）、行個法、独立行政法人等個人情報保護法の三本の法律を一本に統合し、セグメント方式から決別する。次に地方自治体について、自治体の条例はいったん「リセット」し、「全国的な共通ルール」としての改正個法を定めた。主体の差異よりも「作用の共通性を重視」する選択を行ったものといえる。[26] 国が地方公共団体等に対し、個人情報の取扱いについて、一般的に、また全国統一的な運用が求められる行政分野ごとにガイドラインを示すことで、自治体による法の「的確な運用を確保」することとされる。個人情報保護について全国的な共通ルールを法律で規定するとともにガイドライン等を示すことは、TFによれば「全国的に統一して定めることが望ましい…地方自治に関する基本的な準則に関する事務」（地方自治法1条の2第2項）として「国が担うべき役割」である、とされる。(27) また統合後の改正個法の「有権解釈権は、個人情報保護委員会に一元的に帰属する」とまで指摘がなされている。(28) 自治体の条例制定権に関しては、「法制化後も、地方公共団体が地域の課題に対処するため」、保有する個人情報について「法律の範囲内で、必要最小限の独自の保護措置を講じることについては否定されるべきものではない」とも指摘している。(29) さらに、TFでは「個人情報保護法制が『個人の権利利益の保護』…を最重要の目的としていることを踏まえると、共通ルールよりも保護の水準を下げるような規定を条例で定めることは、法律の趣旨に反する」とする。しかし他方で、「個人情報の有用性に配慮」することが求められているので、「共通ルールを設ける趣旨が個人情報保護とデータ流通の両立を図る点にある」ため、「地方公共団体が条例で独自の保護措置を規定できるのは特にそのような措置を講ずる必要がある場合に限ること」とされた。(30) このようにTFによって、自治体の条例制定権について厳しい制約がなされたところ、個情委では、「公的部門（国の行政機関等・地方公共団体等）における個人情報保護の規律の考え方」（以下、「規律の考え方」）(31) において、さらに厳しく条例制定権を制約する考え方が示された。詳細は後述するが、そこでは、TF「最終報告」のように「共通ルールを設ける趣旨が個人情報保護とデータ流通の両立を図る」ために制約する、ということではなく、「『個人情報保護に関する全国共通ルールを法律で定める』という令和三年改正法の目的に鑑み」という理由によって、条例制定が「許容されない」とされた。このような考え方は「共通ルールを定める」ということが優先的目的とされ、「個人情報の保護」という法の本来の目的から乖離しているように思われる。

(2)個人情報保護規制の緩和

自治体の個人情報保護条例では、これまで様々な個人情報保護のための仕組みを導入し、それを運用してきた。ここでは改正個法の規律が、条例で置かれてきた様々な規律とどのように異なるのかを確認したい。TF「最終報告」でも指摘されているように、改正個法における公的部門に対する規律は、行個法の内容をベースとしたものとなっている。[32]そして結論から言うと、全国の自治体が整備してきた条例の規制内容から、改正個法の個人情報保護のレベルは緩和されているといってよい。

まず死者情報に関する規律である。改正個法2条では「生存する個人に関する情報」を個人情報としている。しかし、改正個法施行前においては、都道府県で三〇団体（六三・八%）、市区町村で九九九団体（五七・四%）の自治体が、死者に関する何らかの規定を置いてきた。[33]死者の名誉や人格的利益を守るため、また開示請求の場面で死者の個人情報として一定の場合に開示請求を認める例（川崎市）なども存在したところである。[34]なおTF「最終報告」では、個人情報保護の枠組みとは別に死者に関する規定を設けることは考えられるとするが、「規律の考え方」では、改正個法では「全国共通ルールを法律で定めるという目的に鑑み」、死者情報を条例で定めることは「許容されない」としている。

次に、個人情報の原則本人取得条項（例、改正前名古屋市個人情報保護条例（以下、「名古屋市条例」とする。）8条2項）の廃止である。TFは、条例において「本人以外からの取得を禁止する例はないこと」、「個人情報の不適正取得禁止規定の中に」その趣旨は「含まれる」としている。[35]ただ、これまで本人から同意を得て取得していた個人情報について、いくら不適正取得禁止規定（改正個法64条）

があるからといって本人以外から取得することを住民が把握した場合、どのように感じるであろうか。第三者通知制度が機能している自治体などを見ても、また自己情報コントロール権の考え方からしても疑問である。

要配慮個人情報の取得制限規定についても、都道府県四五団体（九五・七％）、市区町村一六四四団体（九四・四％）で置かれていた[36]。例えば、原則取得禁止規定を置きつつ、法令等に定めがあるとき、審議会の意見を聴き事務の目的達成に必要不可欠であると認めたとき（例、名古屋市条例9条）取得が可能とするものである。これについても、TFは、個人情報の保有は、法令の定める所掌事務の遂行に必要な場合に利用目的の達成に必用な範囲内でのみ認められており、それは取得制限規定がある条例上要配慮個人情報等の個人情報を保有できる範囲とは「概ね同様であると考えられる」とする。その上で改正個法60条5項において自治体は、地域の特性に応じて条例要配慮個人情報自体を追加することができるとするが、「全国共通ルールを法律で定めるという目的に鑑み」、取得や提供に関する独自の規律の追加は「許容されない」とする[37]。

オンライン結合制限について、都道府県四四団体（九三・六％）、市区町村一六二五団体（九三・三％）とこの点についても多くの自治体が規律を設けていた[38]。オンライン結合等第三者への個人データの提供制限に関するルールの違いが、クラウドによる情報処理の障壁となるため、TFなど個人情報保護法の今般の改革を進める者にとってはむしろ「本丸」としての位置づけであるように思われる[39]。改正個法施行前の自治体では、電子計算機の結合原則禁止規定を置きつつ、ただし審議会の意見を聴いて、公益上特に必要があり、個人情報保護対策が講じられているときは例外的に認める、などの規定でもって慎重に対応していた（名古屋市条例15条）。

最後に、個人情報保護審議会への諮問の制限についてである。改正前の時点では、上述のオンライン結合制限や要配慮個人情報の取得など様々な場面で、事前に、個人情報保護審議会に諮問を行うという慎重な対応を行ってきた。それは、例外要件該当性判断と安全管理措置を客観的に確認したり、当該案件が必要な手続きを経た正統なものであることを公にすること、透明性を確保する意義を有することなど「住民自治の基礎的な仕組み」であったはずである。[40] ところが改正個法では、「条例で定めるところにより」、「個人情報の適正な取扱いを確保するため専門的な知識に基づく意見を聴くことが特に必要であると認める」場合に限って、審議会に諮問ができるとされており（改正個法129条）、類型的に審議会等への諮問を要件とする条例を定めることは、「今回の法改正の趣旨に照らして」「許容されない」としている。[41]

3　個人情報保護委員会

すでに述べたように、デジタル改革関連法に伴う個人情報保護制度の改革において、個人情報保護委員会が、官民問わず、一元的な監督機関として位置づけられることとなった。改正個法では、自治体を含む公的機関に対して、資料提出要求権、実地調査権（改正個法156条）、指導・助言権（同法157条）、勧告権（同法158条）、勧告に対してとった措置の報告要求権（同法159条）、自治体から求められた場合の必要な情報の提供・技術的な助言権（同法166条2項）、条例を定めた場合の個人情報保護委員会への届出制度（同法167条）などが関与の方法として定められている。

なお、個情委事務局によって示された「個人情報の保護に関する法律についての事務対応ガイド（行政機関等向け）」[42] では、「地方公共団体に適用される部分については、地方公共団体に対する技術的な助言としての性格」という断りをいれつつも、「ただし、本事務対応ガイドの中で、『しなければならない』、『してはならない』及び『許容されない』と記述している事項については、地方公共団体の機関及び地方独立行政法人についても、これらに従わなかった場合、法違反と判断される可能性がある」との記述をしている。すでにみたようにTFは、個人情報保護委員会に改正個法の有権解釈権が「一元的に帰属する」と指摘していたが[43]、そのことも相まって、上記記述は改正個法を運用する自治体に大きな制約を与えるものとなっている。まず、個情委の示す解釈が本当に正しいといえるのか、検証の余地があろう。上記のように、「個人情報保護に関する全国共通ルールを法律で定める」という改正個法の趣旨に照らすというように、自治を真っ向から否定するような解釈をとっている時点で問題があると言わざるをえない。他方で、技術的な助言とはいえ、改正個法を運用する自治体にとってはこのような「制約」は大きくのしかかるものといえる。個情委の示すとおりに改正個法を運用したものの、現実に個人情報の漏洩等問題が起こった場合には、まずは自治体が対応を迫られることになろう。もっとも、解釈指針を出した個情委の責任こそが問われるべきであるように思われる[44]。このような不適切な事案が起こらないよう、本来は、身近な自治体が法の解釈運用も含めて対応するのが「認知の先導性」の面も踏まえると重要であろうが、それがやりにくい状況が生まれている。

個人情報保護委員会にも、当然憲法の遵守が求められる。地方自治の本旨をはじめ憲法上の諸原則を踏まえてその権限行使を行うことができるのか、個人情報「保護」委員会として「利活用」のみに傾斜した権限の運用がされることのないように権限を行使するのか、その存在理由（＝行政の公共性）が今後問われる[45]。

四　憲法の理念からの問題指摘と自治の実践

1　個人の尊重

世界最先端IT国家創造宣言では、すでにみたように、「ヒト」、「モノ」、「カネ」と並んで「情報資源」は「新たな経営資源となる」との認識を持ち、「情報資源」の活用が「経済成長をもたらす鍵」とされている。行政手続のオンライン化による住民の利便性の向上や情報システムの標準化、共同化による行政の効率化が指摘されるが、それだけでは社会のデジタル化としては「不十分」であり、デジタル社会は、「新しい価値」を創出する社会が想定されている。(46) そのためにはオンライン化された行政手続を通じて集積したパーソナルデータを蓄積している自治体の情報システムを民間事業者の情報システムに、API（Application Programming Interface）連携させることが必要となる。これを活用しているのがデータ連携基盤（＝公共サービスメッシュ）であり、このようなデータ基盤を全国各地に構築することを政策目標にしているのがデジタル田園都市構想である。(47)

このようにイノベーションをはじめ新しい価値を創出することに向けて個人情報は極めて重要な要素とされているが、憲法的価値という点でみれば、本来個人情報を中核とするプライバシー権は、憲法13条による個人の尊重がその原点であるはずである。ところがこの間のデジタル改革で重視されているのは、「個人情報」のうち、「個人」ではなく資源としての「情報」であり、それに向けた法整備としての個人情報保護法制の改革とも言いうるであろう。(48) そこには、「個人の尊重」ではなく「情報の尊重」を前提として動いているという問題がある。

2 条例制定権

すでにみたように、自治体の条例制定については、ＴＦ「最終報告」、個情委「規律の考え方」のいずれにおいてもこれを大きく制約する方向が示されていた。ＴＦ「最終報告」では、保護の水準を高める規定を置くことは「必ずしも否定されない」としつつ、個人情報保護法制が「個人情報の有用性に配慮」を求めるため、自治体が独自の保護措置を規定できるのは「特にそのような措置を講ずる必要がある場合に限る」べきとする。(49) さらに個情委「規律の考え方」では、「個人情報保護に関する全国共通ルールを法律で定める」との観点から、多くの点において条例で独自の内容を定めることは「許容されない」とした。(50)

このような議論は、徳島公安条例事件最高裁判決（最判一九七五（昭和五〇）年九月一〇日）の規範とはどのような関係にあるだろうか。徳島公安条例事件最判では、「条例が国の法令に違反するかどうかは、両者の対象事項と規定文言を対比するのみでなく、それぞれの趣旨、目的、内容及び効果を比較し、両者の間に矛盾抵触があるかどうかによってこれを決しなければならない」とされていた。

この点、法律と条例が同一の事項について異なる趣旨目的による規制を行っている場合は、当該条例は原則として法令に違反しないとされ、(51)「法令の規定の意図する目的と効果を特に阻害するような場合には、例外となる」との解説がある。仮に利活用のための「全国共通ルールの策定」という目的があるとしても、ＴＦ「最終報告」がいうように条例制定が「特に」そのような措置を講ずる必要がある場合に限るという一般論を正当化するほど説得的ではないように思われる。むしろ「データの流通を特に妨げる場合」にのみ法令違反として条例の制定は許されないとすることとの方が、「個人の権利利益の保護が最重要の目的」とする考え方からすると、(52) 合理的な解釈であろう。(53) そもそも「個人情報の保護と適正かつ効果的な活用のバランス」といわれているが、(54) 何にどれくらい「利活用」するのかが見えないため「保護」がしにくいという点もあり、TFや個情委の見解については団体自治の制約という意味で大いに疑問である。

3　自治体における独自の規律と自治

改正個法においては、自治体が「必要があると認めるとき」に個情委による技術的助言が受けられ（改正個法166条）、条例を定めたときは個情委に届出をする義務（同法167条）があるとされる。また、明文上、条例制定が可能とされている点以外については、上記のように個情委は自治体の条例制定について抑制的な立場をとっている。

しかし、自治体でこれまで培ってきた個人情報保護条例における保護の仕組みはまさに各自治体が必要と判断して置かれてきたものであり、私見では、とりわけ個人情報保護の実効性確保という面から重要であったと思われる。例えば、個人情報の原則本人から取得する仕組みや目的外利用やオンライン結合の際に個人情報保護審議会に諮問することなどを通じて、問題点を炙り出し、個々の職員に対して個人情報保護の意識を醸成させ、もって住民の権利保護に資するものとなってきた。この意味で自治体は、改正個法施行後もこの実効性確保という面も含めて、どのように対応するかが問われている。

そこで、改正個法施行後において、自治体が個人情報保護に向けて条例等においてどのような工夫をしてきたか、いくつかの自治体の状況を確認してみたい。

まず死者情報について、春日井市個人情報等保護条例において「死者情報」（2条2項2号）、「死者識別符号」（同項3号）、「要配慮死者情報」（同項4号）、「保有死者情報」（同項5号）、「特定死者情報」（同項6号）、死者の情報提供等記録（同項8号）を置きつつ、第3章で「死者情報の取扱い」の項目を設けて、対応を図った点は注目される。改正個法の横出し規制であることもあり、上記最判に照らしても問題ない。他自治体では、既存条例の運用と同様の運用を内部管理規定で行うとする自治体もある（世田谷区）。

次に、取得制限、利用・提供制限については、松本市個人情報保護施行条例6条が注目される。同条では、審議会への事後報告事項として、「本人以外の者から個人情報を取得したとき」、「要配慮個人情報を取得したとき」との規定を設けている。これは、これらの個人情報を取得したときには、「負担」が増えるということを想定し、それを回避するためになるべく本人から個人情報を取得し、要配慮個人情報を取得しないよう誘導したものと解される。

開示請求前置主義については、名古屋市が法の規定の適用除外規定を置き、開示請求を前置することなく訂正請求が可能としたものがある（名古屋市個人情報保護条例7条）。

匿名加工情報の公表については、年一回の運用状況の公表規定（名古屋市個人情報保護条例24条）によって対応する規定を置いている。

審議会への諮問報告については、名古屋市個人情報保護条例11条において「規則」で定めるところにより、個人情報の取扱いについて、個人情報保護審議会に報告することができる旨の規定を置く。また、神奈川県個人情報保護施行条例14条1号において、「個人情報の取扱いに当たり個人の権利利益の侵害を防ぐために必要な措置を講ずる場合」には、審議会への諮問を認めている。

以上のように、各自治体では、個情委等による様々な制約にもかかわらず、それが必要であるということで、法令の範囲内で独自の規律を設けている。これらはまさに自治を実現し、住民の個人情報を保護するための実効的でかつ主体的な対応として評価されるべきであろう。

五　おわりに

最後に、現在行われている第三三次地方制度調査会（以下、「第三三次地制調」とする）での議論に関わって、今回のデジタル改革関連法に基づく個人情報保護制度の改革が持ち出されている点について確認したい。第三三次地制調の一つのテーマとして、平時・非平時における行政の在り方、さらにいうとその際の国と地方公共団体の関係について議論が行われている。そこでの発言として、「平時における国・地方関係の見直し」について、「個人情報保護法の改正、国と地方の個人情報のルールの共通化をめぐる作業が一つのモデルを提供しているのではないか」との意見がある。その上で「必ずしも地方公共団体のあり方が、それぞれの行政分野において均質的・画一的でないところで、いかにして、まず標準的な、そして、国として統一的にルールを定めるべきかという観点から、地方はこうであるということをまず把握して、施策を打っていく」、そして、「デジタル化をそういった国・地方の関係を、個別最適を通じて全体最適に持っていくためにうまく整えていくことも重要」とされている。統一的なルール作りのモデル事例として、個人情報保護法制の改革が位置づけられ、さらに別の分野でも「統一的なルール」を作ることが奨励されている(55)。今般の個人情報保護法制の改革が、平時における統一的なルールを作る上での「モデル」となり得るのかについてはさらに検証が必要であるが、少なくとも分権化の方向ではないことは確認できる。

個人情報保護法制の改革は、本来それ自体単独で行われるべき国民の権利に関わる重大な問題であるはずであるが、デジタル改革関連法の中の整備法による改革という形で問題が矮小化されて「改正」が行われた。現在、これらに合わせて上記のように平時・非平時という観点からの個人情報保護法制以外の行政分野の統一化も行われており、かつ、情報システムの標準化・共同化やマイナンバーカードの実質「市民カード化」[56]なども、政府によって強行されてきている。そこでは個人の尊重や地方自治の本旨といった点について、配慮がされない、あるいは重視されないまま行われてきている。強力な財政的誘導も併せて考えると、自治体はそれに実質的に従わざるを得ない状況がつくられているようにも思われる。しかし個人情報保護に関して、改正個法施行後にも独自の仕組みを置いた上記自治体のように、住民にとって必要なものは何かという点（住民自治）を踏まえて考えることが求められよう。標準化し、統一化したルールを機械的に運用する自治体像を国が想定するのであれば、住民自治を踏まえてあるべきデジタル化とそのための仕組みを考える必要があるように思われる。

注

（1）「行政のデジタル化と個人情報保護」に関しては、すでに庄村勇人・中村重美『デジタル改革と個人情報保護のゆくえ』（自治体研究社、二〇二二年）にて論じたことがある。本論文は、そこで論じたことと多く重なる部分があることをお許しいただきたい。本論文は、その際に論じた内容に加えて第三三次地方制度調査会での議論、および二〇二三年四月一日以降に施行された個人情報保護条例の制定状況も踏まえて検討するものである。

（2）デジタル社会形成基本法（以下「基本法」）、デジタル庁設置法（以下「設置法」）デジタル社会の形成を図るための関係法律の整備に関する法律（以下「整備法」）、公的給付の支給等の迅速かつ確実な実施のための預貯金口座の登録等に関する法律、預貯金者の意思に基づく個人番号の利用による預貯金口座の管理等に関する法律、地方公共団体情報システムの標準化に関する法律（以下「標準化法」）。

（3）コンビニで住民票等の証明書を他人に発行した問題（日経新聞二〇二三年五月三一日）、マイナ保険証に別人の医療情報が誤登録された問題（日経新聞二〇二三年六月一三日）など。
（4）「現行の地方公共団体の条例の規定は、基本的には改正法の施行までに一旦リセットしていただくことになり、独自の保護措置として存置する規定等については改めて規定していただくことになると思います。」衆院内閣委員会（二〇二一年三月一九日）（平井卓也発言部分）。
（5）「世界最先端　ＩＴ国家創造宣言」（閣議決定、二〇一三年六月一四日）二頁。
（6）同上、三頁。
（7）個人情報保護制度の見直しに関するタスクフォース「個人情報保護制度の見直しに関する最終報告」（二〇二〇年一二月）三頁。
（8）「科学技術基本計画」（閣議決定、二〇一六年一月二二日）三頁参照。
（9）「デジタル規制改革推進の一括法案について」デジタル庁ウェブサイト（https://www.digital.go.jp/laws/2567b640-d579-488c-a512-57f51e70ed3f）（二〇二三年九月三〇日閲覧）
（10）白藤博行「デジタル庁の設置と国家統治のＤＸ」法と民主主義557号五頁。
（11）白藤博行、同上、七―八頁。
（12）市橋克哉「分権型行政から集権型行政への転形と法治主義および地方自治の危機」市橋克哉他『コロナ対応にみる法と民主主義』（自治体研究社、二〇二二年）一三八―一四〇頁。
（13）池田敬之「地方公共団体情報システムの標準化とデジタル社会実現のための将来展望」地方自治893号七―一〇頁。
（14）「地方公共団体情報システム標準化基本方針」（二〇二二年一〇月）一頁。
（15）池田敬之、前掲注（13）、一〇―一一頁。
（16）稲葉一将「地方行政のデジタル化の特徴と課題」『自治と分権』84号二五―二六頁。

(17)「パネルディスカッション　自治体業務のデジタル化に伴う自治体へのインパクト」日本弁護士連合会編『情報システムの標準化・共同化を自治の視点から考える』(信山社、二〇二二年) 八六―八八頁 (毛利透発言)。

(18) 二〇一五年改正個人情報保護法附則12条による「いわゆる3年ごとの見直し」により、二〇二〇年にも個人情報保護法が改正され「仮名加工情報」(二〇二〇年改正個人情報保護法2条9項、10項) が新設された。

(19) 個人情報保護制度の見直しに関するタスクフォース、前掲注 (7)、四―六頁、三二―三三頁。

(20) 個人情報保護制度の見直しに関する検討会「個人情報保護制度の見直しに関する最終報告案 (概要)」https://www.cas.go.jp/jp/seisaku/kojinjyoho_hogo/kentoukai/pdf/saishu_hokoku_gaiyou.pdf (二〇二三年九月三〇日閲覧)

(21) 鈴木正朝「個人情報保護法保護法は何を守り、どこに向かっていくのか?」個人情報保護委員会ウェブサイト (https://www.ppc.go.jp/files/pdf/0517_shiryou5.pdf) (二〇二三年九月三〇日閲覧)。

(22)「座談会個人情報保護法の改正」ジュリスト1561号二六―二七頁 (小川康則総務省自治行政局前行政課長発言部分)。

(23) 人見剛「個人情報保護法制の法律による一元化と自治体条例」日本弁護士連合会編『個人情報保護法改正に自治体はどう向き合うべきか』(信山社、二〇二二年) 四―七頁。

(24) 宇賀克也「個人情報保護法制の一元化の意義」同編者『二〇二一年改正自治体職員のための個人情報保護法解説』(第一法規、二〇二一年) 八―一二頁。

(25) 宇賀克也、前掲注 (24)、七頁。

(26) 原田大樹「デジタル時代の地方自治の法的課題」地方自治884号一七頁。

(27) 個人情報保護制度の見直しに関するタスクフォース、前掲注 (7)、三三頁。

(28) 個人情報保護制度の見直しに関するタスクフォース、前掲注 (7)、六頁。

(29) 個人情報保護制度の見直しに関するタスクフォース、前掲注（7）、三四頁。
(30) 個人情報保護制度の見直しに関するタスクフォース、前掲注（7）、四〇頁。
(31) 個人情報保護委員会「公的部門（国の行政機関等・地方公共団体等）における個人情報保護の規律の考え方」（二〇二一年六月）
(32) 個人情報保護制度の見直しに関するタスクフォース、前掲注（7）、六頁。
(33) 総務省自治行政局「地方自治情報管理概要」（二〇二〇年三月）三八頁。
(34) 髙野祥一「自治体の実務への影響と法改正に伴う例規整備のポイント」宇賀克也編著前掲注（24）、一三四—一三五頁。
(35) 個人情報保護制度の見直しに関するタスクフォース、前掲注（7）、三六頁。
(36) 総務省自治行政局、前掲注（33）、四二—四三頁。
(37) 個人情報保護委員会、前掲注（31）、八頁。
(38) 総務省自治行政局、前掲注（33）、四五頁。
(39) 原田大樹、前掲注（26）、一四—一六頁。
(40) 犬塚克「一自治体の現場からみた改正個人情報保護法の課題」自治実務セミナー二〇二一年九月号一九頁以下。
(41) 個人情報保護委員会、前掲注（31）、八頁。
(42) 個人情報保護委員会事務局「個人情報の保護に関する法律についての事務対応ガイド（行政機関等向け）」（二〇二二年二月（二〇二三年四月一部改正））一三頁。
(43) 個人情報保護制度の見直しに関するタスクフォース、前掲注（7）、六頁。
(44) 最判二〇〇七（平一九）年一一月一日（402号通達事件）参照。
(45) 稲葉一将「行政を含む社会全体の情報化と法の支配」本多滝夫・豊島明子・稲葉一将編『転形期における行

政と法の支配の省察』（法律文化社、二〇二一年）三八頁。
(46)「科学技術基本計画」（閣議決定、二〇一六年一月二二日）六頁参照。
(47) 本多滝夫「暮らしから考える自治体行政のデジタル化」住民と自治726号（二〇二三年）二三―二四頁。
(48) 稲葉一将「行政のデジタル化と個人情報保護」白藤博行『デジタル化でどうなる暮らしと地方自治』（自治体研究社、二〇二〇年）五〇―五一頁。
(49) 個人情報保護制度の見直しに関するタスクフォース、前掲注（7）、三九―四〇頁。
(50) 個人情報保護委員会、前掲注（31）、九頁。
(51) 松本英昭『要説地方自治　第十次改訂版』（ぎょうせい、二〇一八年）二九六頁以下。
(52) 宇賀克也『新・個人情報保護法の逐条解説』（有斐閣、二〇二一年）四八頁。
(53) 巽智彦「令和三年個人情報保護法改正と地方公共団体」地方自治885号二四頁。
(54)「個人情報の保護に関する基本方針」（二〇〇四年四月二日閣議決定、二〇二二年四月一日一部変更）。
(55) 第三三次地方制度調査会第一回小委員会（宍戸委員発言）。
(56) 本多滝夫「デジタル社会と自治体」岡田知弘ほか『デジタル化と地方自治』（自治体研究社、二〇二三年）一〇一頁。

（しょうむら　はやと・行政法）

2　自治体における庁舎前広場と住民の利用権
――金沢市庁舎前広場事件第2次訴訟を中心にして――

榊原秀訓
（南山大学）

はじめに

本稿は、金沢市庁舎前広場事件第2次訴訟（以下、単に「第2次訴訟」）最高裁判決（最判令和五年二月二一日判タ一五〇九号六四頁）を中心にして、自治体における庁舎前広場を利用する住民の利用権を検討しようとするものである。日本地方自治学会においては、既に、同事件第1次訴訟（以下、単に「第1次訴訟」）（一審は、金沢地判平成二八年二月五日判時二三三六号五六頁、控訴審は、名古屋高金沢支判平成二九年一月二五日判時二三三六号四九頁。最高裁において、上告棄却、上告不受理となっている。最決平成二九年八月三日LEX／DB二五五四六七七九）を対象に首藤重幸会員が検討を行っている[1]。筆者も第1次訴訟の際に名古屋高裁金沢支部に意見書を提出したこともあり[2]、引き続き第2次訴訟に関しても学術的関心をもってきたが、第2次訴訟の最高裁判決が出されたことから、改めてこの問題を検討することにした。最高裁判決には、比較的簡略な多数意見とは対照的に、かなり詳細な宇賀克也裁判官の反対意見が付されている。

宇賀反対意見においては、「角を矯めて牛を殺す」ということわざが引かれている。最高裁で、裁判所・裁判官によって「角を矯めて牛を殺す」（「角を矯めようとし牛を殺す」）ということわざが用いられたのは、最大判昭和二三年九月二四日民集二巻一〇号二五〇頁、行政法においては有名な農地買収処分についての民法一七七条の適用に関する事件である最大判昭和二八年二月一八日民集七巻二号一五七頁における真野毅裁判官の意見のように、時期的には古いものにみられるが、そのことわざが引かれるのはかなり限られていると思われる。

以下では、第1次訴訟について必要な限りで触れ、また、憲法の観点からも重要な論点があり、必ずしも憲法上の論点と行政法上の論点を区別することはできないものの、主として、行政法にかかわる論点を中心に論じる。さらに、第2次訴訟に関しては、上告受理申立てと上告が出されたが、上告受理申立ては不受理となり（最決令和五年一月三一日LEX／DB二五五九四四五五）、上告は棄却となっている。前者においても後者においても宇賀裁判官による反対意見が存在するが、(3)上告受理申立ての場合、反対意見が出されても、反対意見は公表されないことから、その内容を検討することはできないため、ここでは、上告棄却事件を第2次訴訟として検討対象とする。

第2次事件においては、最高裁多数意見にも宇賀反対意見にも呉市中学校教職員教育研究集会事件（以下、単に「呉市事件」）最判（最判平成一八年二月七日民集六〇巻二号四〇一頁）の参照はみられないが、第2次訴訟の下級審判決（金沢地判令和二年九月一九日判時二四六五＝二四六六合併号二五頁、名古屋高金沢支判令和三年九月八日二五一〇号六頁）においては、呉市事件最判を参照しつつ、具体的な判断を示している。これは、「上告受理申立て理由書」においては、「法令の解釈に関する重要な事項についての誤り」として、『行政財産』の解釈適用に関する誤り」として、「空間的時間的分割使用」に関する主張がなされ、また、「本件規則の解釈に際しての中立性を考慮することの誤り」として、「庁舎などの管理上支障」のある行為について主張がなされ、さらに、「最高裁判所の判例に違反すること」として、上記の呉市事件最判が扱われているのに対して、「上告理由書」においては、憲法二一条一項違反があるとして主張がなされ、公の施設にかかわる判例である泉佐野市民会館事件最判（最判平成七年三月七日民集四九巻三号六八七頁）が引かれて、「空間的時間的分割使用」や呉市最判が主張されていないからである（もっとも、宇賀反対意見においては、「空間的時間的分割使用」が扱われている(4)）。しかし、呉市事件最判を参照しつつ、第2次訴訟を検討することも重要であると考えられ、以下では、呉市事件最判などにも触れながら、検討を行っていきたい。

一　金沢市庁舎前広場事件における法令の適用関係

1　公共用物と公用物

第1次訴訟は「軍事パレードの中止を求める集会」（自衛隊（軍事）パレード抗議集会）、第2次訴訟は「憲法施行七〇周年集会」という相違はあるが、両者は、市庁舎前広場における集会開催に対する不許可処分を争うものである。また、広場は、第1次訴訟と第2次訴訟の間に改修されているが（第2次訴訟においては、変更前の広場を旧広場と表現している）、位置や規模は同様で、金沢市庁舎建物のすぐ北側に位置し、壁や塀で囲われていない南北約六〇m、東西約五〇mの平らな広場である。

まず、公共施設の利用が争いになる場合の地方自治法上の根拠規定を確認しておく。公共施設は、一般に、住民の利用が考えられている公共用物と、行政が自ら使用することが考えられている公用物に二分される。そして、許可使用の場合、公共用物の根拠規定として、公の施設の利用にかかわる地方自治法二四四条が適用され、設置条例等において、「許可」基準などが定められるが、地方自治法二四四条二項は、「正当な理由がない限り、住民が公の施設を利用することを拒んではならない。」と規定し、住民の利用権を保障していることがわかる。他方、公用物に関しては、地方自治法二三八条の四が行政財産について規定を置き、七項は、「行政財産は、その用途又は目的を妨げない限度においてその使用を許可することができる。」としている。この規定を前提にすれば、行政財産の目的外使用については、その用途や目的に支障がない場合に認められるものであり、目的外使用許可は裁量処分であることがわかる。

2　広場管理要綱と庁舎等管理規則

(1)広場管理要綱と庁舎等管理規則の内容

第1次訴訟と第2次訴訟における市庁舎前広場の使用許可については、金沢市庁舎前広場管理要綱(以下、単に「要綱」)と金沢市庁舎等管理規則(以下、単に「管理規則」)が重要である。

まず、要綱は、庁舎本体とは区別される庁舎前広場に限って適用されるものである。要綱三条が、「庁舎前広場は、本市の事務または事業の執行に支障のない範囲内で、原則として、午前八時から午後九時までの間、市民の利用に供させるものとする。」と規定していることが注目される。これは、庁舎本体とは異なり、庁舎前広場をもっぱら行政が自ら使用する必要性に乏しく、庁舎前広場に関して、公の施設類似の自由使用を認めることに積極的意義を認めるものと考えられる。要綱は、それを前提にしつつ、六条において絶対的禁止行為を規定し、七条は許可を得た上での使用を認める相対的禁止行為を規定している。さらに、八条は、「許可を受けなければならない」行為として、一二号で、「集会または展示会その他これらに類する催しのために全部又は一部を独占して使用するとき。」と規定している。ただし、要綱は、旧広場には適用があったと考えられるが、二〇一七（平成二九）年には、管理規則が改正されると同時に、要綱が廃止されたとして、金沢市は、広場には管理規則のみが適用されると主張するようになったようである。

これに対して、管理規則二条は、「この規則において『庁舎等』とは、本市の事務又は事業の用に供する建物及びその附属施設並びにこれらの敷地（直接公共の用に供するものを除く。）で、市長の管理に属するものをいう。」と規定している。庁舎管理規則が建物だけではなく、その敷地をも対象範囲とすることは、金沢市の管理規則に限定されているわけではなく、他の自治体の管理規則においても同様であり、また、他の少なくない自治体においても、「市の事務又は事業の用に供する」といった規定や、「直接公共の用に供するものを除く」とする規定がある。

そして、管理規則五条は、「何人も、庁舎等において、次に掲げる行為をしてはならない。」として、一号から一四号まで具体的な禁止行為を規定し、他方で、六条は、五条の「第一号から第七号までに掲げる行為について、本市の事務又は事業に密接に関連する等特別な理由があり、かつ、庁舎等の管理上特に支障がないと認めるときは、当該行為を許可することができる。」と規定している。このことから管理規則は、八号から一四号までのいわば絶対的禁止行為と一号から七号までの許可を受けて使用の例外を認める相対的禁止行為に区分していることがわかる。第1次訴訟・第2次訴訟においては、一二号の解釈適用が争点となっている。第1次訴訟においては、「示威行為」が、第2次訴訟においては、第1次訴訟から規則が改正され、「特定の政策、主義又は意見に賛成し、又は反対する目的で個人又は団体で威力又は気勢を他に示す等の示威行為」と改正されている（対比のために、改正前のものを旧管理規則、改正後のものを新管理規則のように表現することがある）。もっとも、その改正は、内容を明確化するものであって、実質を変更するものではないと説明されている。

(2) 許可の対象

他の自治体の管理規則においては、「集会」の開催それ自体を許可の対象とするものがある一方で、金沢市の管理規則においては、「集会」が許可の対象として明示されていない[5]。そのため、市庁舎前広場における集会開催のための許可がいかなる性格のものであるのかが明確ではない。この点について、長内が詳細な検討を行っている[6]。長内によれば、「金沢市の場合、行政財産の目的外使用許可に関する規定としては金沢市財務規則が存在する（同規則二〇一条〜二〇四条の二）。そのため、本件不許可処分が行政財産の目的外使用許可処分であるならば、その場合の審査基準は金沢市財務規則二〇一条である」るとしている。そして、「本件規則を行為規制ととらえると、本件広場における集会開催は、原則として、私人の往来と同様、自由使用の一形態として許可が不要な行為であるということになる」と指摘している。

長内は、「金沢市に限らず、市庁舎等の使用許否と庁舎等内での行為規制を区別しない、あるいは無自覚に混同している自治体は少なくないようである」と批判しながら、本件広場において「集会等が開催されることなど、その物理的・構造的性質や利用実態は、公の施設たる公園と違いがない」として、「そうした性質を有する本件広場を一時的に占拠するかたちで使用する本件集会の開催に係る本件不許可処分は、（「庁舎」内における制限行為の行為不許可処分ではなく）本件広場の『使用』拒否処分と解するのが自然であると考える」としている。

第1次訴訟・第2次訴訟（宇賀反対意見を別にして）においては、管理規則に基づき市庁舎前広場の目的外使用許可がなされているという前提で裁判が行われ、「示威行為」についても、「支障」との関係で一定の限定解釈等によって、許可が与えられる可能性を残していると考えているようである。このように、そもそも、要綱、管理規則、地方自治法の適用関係が必ずしも明確とは言えない中で訴訟が展開されているという問題がある。

市庁舎前広場は、金沢市と同様に、一定数の自治体に存在するが、[7]金沢市において特徴的であるのは、上記の要綱が存在していたこと、市庁舎前広場が観光名所に近接する場所に存在し、広く自由使用を前提にしたような文字通り広場として運用されていたことである。

(3)広場管理要綱・庁舎等管理規則の適用と不適用

金沢市自身が、要綱と管理規則両者の適用をどのように説明していたのかを確認しておきたい。第1次訴訟にかかわって、首藤が説明するように、担当職員が不許可前には管理要綱が適用されるとしていたのに、不許可段階では管理規則が適用されるとしている。[8]また、首藤は、旧管理規則の「示威行為」においても、新管理規則の「特定の政策、主義又は意見に賛成し、又は反対する目的で個人又は団体で威力又は気勢を他に示す等の示威行為」においても、それらが「庁舎等の管理上支障がある」ものに限定されていることを説明する。[9]

第2次訴訟においては、先に説明したように、金沢市は、広場には管理規則のみが適用されると主張するようになったようである。もっとも、そうだとしても、金沢市は、従前からの基準の内容や運用には変更がないとも主張しているようであり、そうであれば、要綱が廃止されたとしても、その内容やそれを前提にした利用状況は重要であると考えられる。

金沢地判は要綱に触れておらず、名古屋高金沢支判は、補正によって、要綱に触れたが、「広場管理要綱上も、旧広場は金沢市庁舎の一部として定義付けられ、市の事務または事業の執行に支障のない範囲内で市民の利用を許可することとされていたことからすれば、旧広場が住民の福祉を増進することを本来の目的として設置されたものと認めることはできない」としている。要綱は、市庁舎前広場のみに適用されるものであり、自由使用を前提に、一定の行為については許可しようとしているものと考えられるが、それを管理規則と同様のものと位置付けようとするものと理解でき、庁舎と広場の区別に注目しない姿勢は金沢地判と同様である。また、最高裁においては、多数意見は、要綱に言及せず、管理規則の適用を前提に判断している。これに対して、宇賀反対意見は、広場管理要綱により、旧広場を「市民の自由使用に供された広場として位置付ける趣旨であると解される」とし、旧広場は、「本庁舎に係る建物の敷地であるものの、直接公共の用に供するものに当たることとなって、『庁舎等』から除かれること」となるとした。そして、管理規則改正後も同様に、新広場は、「庁舎等」に含まれないと考える。つまり、多数意見は、要綱の内容や要綱に基づく従来の広場の利用状況といった広場の特徴を重視せず、管理規則の適用を考え、他方で、宇賀反対意見は、そのような広場の特徴を重視して、管理規則の適用がないと判断していることになる。

3　公共用物と公用物の使用許可に関する判例

第2次訴訟の下級審判決や最高裁判決において公共用物（公の施設）に関する使用許可と公用物の使用としての目的外使用許可に関する判例に言及されているので、それらについて簡単に確認しておきたい。(10)

⑴公共用物（公の施設）に関する判例

まず、公共用物（公の施設）に関する判例として、先に触れた泉佐野市民会館事件最判と上尾市福祉会館事件最判（最判平成八年三月一五日民集五〇巻三号五四九頁）が重要である。それらからわかるのは、施設の使用について一見裁量の余地があるような場合であっても、簡単には不許可とすることを認めていない、つまり厳格な審査をしていることである。それは、地方自治法や憲法と結び付いて、裁量を否定して審査をすることへとつながっている。そして、第三者による妨害といった「敵対的聴衆」が存在する場合であっても、「警察の警備等」による混乱防止が可能であれば、その使用を認めなければならないことにも注目が必要である。

また、それらより時期的には早く、自治体ではなく国レベルの広場に関する事件であるが、皇居前広場事件最大判（最大判昭和二八年一二月二三日民集七巻一三号一五六一頁）についても簡単に触れておく。本判決は、参加人数などから、「当然公園自体が著しい損壊を受けること」が予想され、また、「長時間に亘り一般国民の公園としての本来の利用が全く阻害される」といった点が不許可の理由として考えられていた。

⑵公用物の使用に関する判例

次に、下級審判決においては、公用物の使用に関する判例として、呉市事件最判に言及がなされており、その考え方を確認する。まず、審査方法は、公の施設の審査方法とは異なり、裁量の存在を前提にした裁量審査となっている。他方で、いわゆる判断過程審査を行うことによって、比較的審査密度の高い審査を行っている。公の施設に関する判例と比較すると、審査の表面上の相違と実際における類似性といった特徴がある。つまり、一般論の部分では比較的広い裁量を認めているように思われるが、実際には、その裁量をかなり具体的に限定している。例えば、「代替施設確保の困難性」などに言及する一方で、公立学校を教研集会のために継続的使用していることが「大きな考慮要素」となっている。

第二に、呉市事件最判は、公の施設に関する判例に言及しているわけではないが、それらと同様に、「敵対的聴衆」の法理を適用し、抽象的な危険では足りず、個別具体的な危険の存在がなければ不許可を認めないことがわかる。つまり、「右翼団体の街宣車」による「街宣活動」に関しては、過去の街宣活動から、「抽象的には街宣活動のおそれはあった」とし、許可した場合、「学校施設周辺で騒じょう状態が生じたり、学校教育施設としてふさわしくない混乱が生じたりする具体的なおそれが認められるときには」不許可もあり得るとしつつ、「具体的な妨害の動き」は認められないとして、集会予定日が「休校日である土曜日と日曜日」であることから、「仮に妨害活動がされても、生徒に対する影響は間接的なものにとどまる可能性が高かった」とするわけである。

さらに、文部省の政策との関係では、「教育研究集会の要綱などの刊行物に学習指導要領や文部省の是正指導に対して批判的な内容の記載」が認められるとしつつ、「本件集会を学校施設で開催することにより教育上の悪影響が生ずるとする評価を合理的なものということはできない」として、そのことを重視していない姿勢が明確である。

二　金沢市庁舎前広場における「空間的時間的分割使用」と判断過程審査

1　第2次訴訟における公共用物と公用物

第2次訴訟においては、金沢地判も名古屋高金沢支判も、市庁舎前広場を公用物として、行政財産の目的外使用許可であることを前提に、呉市事件最判と同様に、裁量審査を行っている。また、最高裁多数意見は、上告理由との関係での判断にとどまることから、公用物であるとか、行政財産の目的外使用許可であるといった判断はしていないが、先にみてきたように、管理規則に基づき市庁舎前広場が利用されるとして、「主に一般公衆の共同使用に供するための施設である道路や公園等の施設とは異なる」とし、「本件広場は被上告人の本庁舎に係る建物の付近に位置してこれと一体的に管理ないし利用されている」と理解するわけである。泉佐野市民会館事件最判は、「事案を異にし、本件に適切ではない」とするのも、市庁舎前広場が公の施設ではないことを前提にしているからである。

これに対して、宇賀反対意見は、管理規則の適用がないと考え、「本件広場は公共用物であり、地方自治法二四四条二項にいう公の施設ないしこれに準ずる施設に当たるものと考える」とし、このように考えることから、泉佐野市民会館事件最判の「基準に従って、地方自治法二四四条二項の『正当な理由』の存否が判断されるべきであったと考えられる」と、多数意見とは対照的な判断をしている。

第1次訴訟においては、設置条例の不存在を理由に市庁舎前広場が公共用物である「公の施設」に該当することが否定されたが、宇賀反対意見は、「本来、被上告人は、本件広場の設置及び管理に関する条例を制定すべきであった」が、「公の施設であるか否かは、設置者の主観的意思のみで定まるものではなく、当該施設の構造やその実際の利用状況も踏まえて判断されるべきであるから、上記のような条例が制定されていないことにより判断が左右されるべきものではない」として、設置条例の不存在を理由に市庁舎前広場を「公の施設」であることを否定できないとする。

2　第2次訴訟における「空間的時間的分割使用」と判断過程審査

(1)金沢市庁舎前広場事件における「空間的時間的分割使用」

注目すべきは、原告やそれを支持する研究者の意見において述べられていた公用物と公共用物の二分法を批判した「空間的時間的分割使用」である。[11] 第2次訴訟の名古屋高金沢支判は、金沢地判と異なり、「空間的時間的分割使用」に触れているが、同判決は、「本件広場は、あくまで公用財産である金沢市庁舎建物の敷地の一部であり、独立した公の施設とは認められず、また、同性質は、控訴人らが指摘する『空間的時間的分割使用』という本件広場の利用形態によっても変更されるものではない」としていた。

また、最高裁においては、多数意見は、「空間的時間的分割使用」に明示的に言及をしていないが、「本件広場が集会等のための利用に適しており、現に本件広場において種々の集会等が開催されているなどの実情」は、「金沢市長が庁舎管理権の行使として、庁舎等の維持管理に支障がない範囲で住民等の利用を禁止していないということの結果であって、これにより庁舎等の一部としての本件広場の性格それ自体が変容するものではない」としており、実質的には、市庁舎前広場が公用物であることを重視するものであると考えられる。これに対して、最高裁裁判官になる前から「空間的時間的分割使用」を主張してきた宇賀裁判官が、[12] 反対意見においてそれについて詳しく述べている。宇賀反対意見は、「そもそも、公用物と公共用物の区別は、常に截然とできるわけではない」として、「公用物や公共用物の性格にはグラデーションがあり、単純な二分法を解釈論上の道具概念として用いることには疑問がある」とする。さらに、「公用物の場所や時間を限定して公共用物として利用することは広く行われるようになっている」として、「公立学校の施設についても、校庭を休日に限定して一般に開放することは珍しくなくなっているが、このような場合の休日における校庭は、公園と同じ機能を果たしているといってよい。……公用物や利用者の限定された公共用物であっても、空間的・時間的分割により、広く一般が利用可能な公共用物になることがあるのである」として、「本件広場を含めた（広義の）庁舎についても、本件広場に空間を限定し、かつ、休日等、騒音等により市の公務に支障を与えない範囲で公共用物としての利用が行われてきたとみることもできる」ことから、「公用物は公用物としてしか利用し得ないという論理は、行政の実態とも適合しておらず、本件広場の利用の実態等を十分に吟味せずに、本件広場への本件規則の適用を前提とすることには賛同し難い」と厳しく批判する。

翻って考えてみると、呉市事件最判においても、宇賀反対意見の説明が当てはまることになり、公立学校であることから、平日夕方までは授業などで教室やグランドを利用している一方で、休日には授業などで利用するわけではないことから、教育への支障が生じないと考えられ、行政財産の目的外使用であっても、公の施設の使用の場合に接近することになる。

このように考えるならば、名古屋高金沢支判のように、本件広場の性質が、『『空間的時間的分割使用』という本件広場の利用形態によっても変更されるものではない」とするだけで済ますわけにはいかないことになる。また、最高裁多数意見が、「空間的時間的分割使用」に言及していないのは、上告受理申立て理由書においては、「空間的時間的分割使用」に基づく主張がなされていたものの、先に述べたように、不受理決定がなされたことに関係しているようにも思われるが、市庁舎前広場が公用物であることを重視して、建物である市庁舎との一体性を強調することは、あまりに形式的な判断にとどまっていると評価できる。

むしろ、金沢市庁舎前広場改修後のイベントについて詳細に紹介し、「広場は利用実態としても、少なくとも休日には一般の集会の用に供する場として運用されてきたことが明らかである」として、「規則は適用されていないか、適用があるとしても公用物たる市庁舎建物とは別枠できわめて緩やかに判断されていると解さざるを得ず、実質的に『公共用物』として扱われてきたものといえる」と評価する稲葉の主張の方が説得力がある。[13] このように、管理規則の適用があるとしても、その利用実態に照らして考えるべきであり、庁舎本体と市庁舎前広場を同一に考えるといったことはできない。[14]

市庁舎前広場の使用を目的外使用許可によるものとして考えた場合でも、「空間的時間的分割使用」を適用しつつ、呉市事件最判に沿って検討することが必要である。筆者自身は、第1次訴訟にかかわって、金沢市庁舎前広場の使用が行政財産の目的外使用許可であることを前提にしつつも「空間的時間的分割使用」の考えによって、厳格に裁量審査がなされるべきと考えた。「空間的時間的分割使用」の考えに基づけば、宇賀反対意見のように、公の施設の法理の適用も考えられるが、そこでの判断代置審査と厳格な判断過程審査の実質的な相違はかなり相対的なものと考えたわけである。

(2)判断過程審査における「代替施設確保の困難性」や「施設利用の継続性」

先に触れたように、呉市事件最判が採用する判断過程審査においては、「代替施設確保の困難性」や「施設利用の継続性」が考慮要素となっていたことから、これらの点について少し触れておきたい。

まず、第2次訴訟における「代替施設確保の困難性」にかかわって、曽我部は、「それまで類似集会が許可されてきたと言えるかは評価が分かれるものの、本件集会が本件広場でなされるべき必然性は小さく、代替集会へのアクセスも容易であったことからすれば、違憲性・違法性を否定した裁判所の判断は不当とは言えないように思われる」と「代替施設確保」の可能性を広く考慮する。[15]

他方、第2次訴訟の最高裁多数意見において緩やかな違憲審査との関係で言及された成田新法事件最大判（最大判平成四年七月一日民集四六巻五号四三七頁）との関係で、首藤は、第1次訴訟にかかわるものであるが、「現代民主主義においての集会の意義」を、「『対外的に意見を表明するための有効な手段である』という点にあるとしている」ことを紹介する。[16] そして、「『最も外部から注目を浴びる場所（空間、オープン・スペース）』での集会の開催が保障されることは、集会の自由の重要な構成要素である」とし、他者の権利・利益と衝突することも多くなることから、使用についての調整が必要となるが、「集会の自由の趣旨からして、集会のための使用許可申請に対しては、可能な限り申請者の求める場所の使用が認められるべきもの」として、「近くに代替施設としての公園があるとする金沢市（被告）の主張は、本件使用不許可処分の裁量統制基準たる『代替施設確保の困難性』の意味を形式的にしか理解して」いないものと批判的に評価する。また、神橋も、「そもそも『集会の自由』は、集会場所の選択を含むものであること（……）、さらにいえば、金沢市の規模の都市であれば、代替施設といえば多数存在するはずであり、この理屈を持ち出せば、本件広場における集会は、ほぼ代替施設ありということになる。したがって、考慮事項審査により不許可処分を適法とする理由として、かような代替施設確保の容易性（ないし困難性の否定）を考慮事項として重視したり、一種の切り札にしたりすることは、『集会の自由』の保護の観点から賛成できない」としている。[17]

このことは屋内施設と屋外施設の相違を考慮した場合には、より重要であると考えられる。つまり、呉市事件のように、屋内施設の利用は、屋内施設への参加者を中心に「代替施設の確保」が考えられるが、屋外施設の利用の場合は、そこへの参加者だけではなく、首藤が述べるように、「最も外部から注目を浴びる場所」が重要であることから、「代替施設確保」は容易ではないことが一般的で、「代替施設確保の困難性」を考慮すべき比重が低下すると考えられるからである。

次に、「施設利用の継続性」である。呉市事件最判では、「学校施設を会場として使用してきた」という「施設利用の継続性」を「大きな考慮要素」としており、これと比較して金沢市庁舎前広場事件を検討すると、単発の軍事パレード抗議集会である第1次訴訟以上に、毎年継続されている護憲集会の延長線上にある憲法施行七〇周年集会が争われた第2次訴訟の方が呉市事件に近く、この考慮事項は重視されるべきと考えられる。

このように、公用財産の目的外使用許可が争われた呉市事件最判に照らしてみても、第2次訴訟において市庁舎前広場の使用不許可処分を適法とすることは容易ではない。

三　行政への支障と政治的中立性

1　「市の事務事業との同一性」としての「憲法擁護義務」

第1次訴訟においては、護憲集会について許可をする一方で、軍事パレード抗議集会について不許可とすることを正当化するために、いわば「市の事務事業との同一性」といった基準により、前者については、地方公務員の「憲法擁護義務」からその同一性が認められていたことが注目される[18]。しかし、第2次訴訟下級審判決は、第1次訴訟において許可されてきた護憲集会と類似の憲法施行七〇周年集会について、「護憲集会が掲げる護憲の精神自体は公務員の基本的姿勢に合致するものであると評価し得るが、本件集会の中では政治に対する批判や問題提起があるとされていたところ、その中身は必ずしも被告の事務又は事業と密接に関連するものではない、賛否の分かれ得る特定の政策、主義又は意見について特定の個人又は団体の立場から賛否を表明する表現行為等である可能性が高いものであったといえる」とする。また、最高裁多数意見は、この点について判断しておらず、宇賀反対意見は、許可申請に対する判断の状況からは、「特定の政策等を訴える集会に対する許否の運用が一貫していないことがうかがわれるものといわざるを得ず」とするにとどまり、「市の事務事業との同一性」といった基準自体には焦点が当たっていないと考えられる。

2　「外見上の政治的中立性への疑義」

(1)不特定多数の者に「みられる」ことと広場と建物の「一体性」

第1次訴訟と第2次訴訟において共通している「行政への支障」を考えてみたい。まず、皇居前広場事件最大判で問題になった参加人数の収容能力オーバーは市庁舎前広場における集会では問題になっていないこと[19]、また、呉市事件におけるような敵対的聴衆による集会自体への妨害が問題となっていたわけではないことを確認しておきたい。

第1次訴訟と第2次訴訟において問題となっていたのは、「外見上の政治的中立性への疑義」と結び付いた「行政に対する住民の信頼が損なわれ、ひいては公務の円滑な遂行が確保されなくなるという支障」であり、「示威行為」該当性にかかわって、「庁舎等の管理上支障がある」かを論じる文脈にかかわっている。

第1次訴訟の金沢地判は、許可した場合に、市が「自衛隊市中パレードに反対」という立場に「賛同し、協力しているかのような外観を呈する」こととなり、市の「中立性に疑念を抱かれる可能性」があり、第三者が「抗議活動や抗議の申入れを行い、あるいは被告の行事等に協力しないとの立場をとることも予想され」、「その当日やその前後のみならず、将来にわたって、被告の事務又は事業の執行が妨げられるおそれがある」とまで判断する。また、名古屋高金沢支判は、「本件広場が金沢市庁舎建物の一部であり、その場所的近接性及び物理的・構造的一体性からして、被告の直接の管理下にある場所であることが第三者から見て明らかであること」をあげて、先の外観を呈することとなり、市の中立性に疑念を抱かれる可能性があると説明する。

次に、第2次訴訟において、金沢地判は、管理規則五条一二号の目的の一つを『『庁舎等』の敷地内で同号に定めるような示威行為が行われた場合には、被告が特定の政策、主義又は意見に賛成し、又は反対しているような外観が形成され、当該外観を直接又は間接に見聞する来庁者や隣接する歩道の通行人等において、被告が地方公共団体としての中立性を欠いているのではないかという疑念を生ずるおそれがあり、ひいては被告の事務又は事業の円滑な遂行が妨げられるおそれがあるため、これをあらかじめ防止することにあると解される」として、本件集会が行われた場合には「疑念を抱いた者が、被告に対する抗議行動や抗議の申入れを行うことや、被告の行事等に協力しないとの立場を採ることも想定され、被告の事務又は事業の円滑な遂行が妨げられるおそれがある上、当該おそれは、当該行為の当日やその前後にとどまらず、将来にわたって持続する可能性もあり得るというべき」とする。また、名古屋高金沢支判は、「仮に集会の主催者が被控訴人ではなく、控訴人らであることがその外観から明らかであったとしても、本件広場が金沢市庁舎の敷地の一部であり、構造上もそのような外観を有することからすれば、控訴人らが本件広場で主義・主張を発することによって、来庁者や通行人において、被控訴人が控訴人らの立場に賛同して金沢市庁舎の敷地の一部である本件広場を提供しているとの誤解を抱く恐れがあることは否定できないから、これと同旨の原審の判断は相当であり、その判断に経験則違反は認められない」としている。さらに、最高裁多数意見は、「公務の中核を担う庁舎等において、政治的な対立がみられる論点について集会等が開催され、威力又は気勢を他に示すなどして特定の政策等を訴える示威行為が行われると、金沢市長が庁舎等をそうした示威行為のための利用に供したという外形的な状況を通じて、あたかも被上告人が特定の立場の者を利しているかのような外観が生じ、これにより外見上の政治的中立性に疑義が生じて行政に対する住民の信頼が損なわれ、ひいては公務の円滑な遂行が確保されなくなるという支障が生じ得る」としており、「本件広場は被上告人の本庁舎に係る建物の付近に位置してこれと一体的に管理ないし利用されている」ことを重視するようである。

毛利は、第2次訴訟における金沢地判と最高裁多数意見の考え方が相違することを述べる[20]。つまり、金沢地判は、「不特定多数の来庁者や通行人等」によって「みられる」ことにより発生する支障を論じていたのに対して、最高裁多数意見は、市庁舎前広場が庁舎等管理規則により市庁舎等と「一体」として管理されていることを重視していると考えるわけである。

もっとも、第1次訴訟において、金沢地判・名古屋高金沢支判では、「一体」としての管理が示されており、第2次訴訟における金沢地判・名古屋高金沢支判では、「一体」としての管理という表現はないものの、広場が「庁舎等」の「一部」または「敷地」の「一部」として管理されていることが示されている。他方、最高裁多数意見においては、直接又は間接に「見聞する」来庁者や隣接する歩道の通行人等に相当する部分が明示的には示されていない。その相違が決定的に異なるものと評価するかはともかくとして、確かに一定の相違があるように思われ、その相違は射程にも影響する。

つまり、「みられる」ことに焦点を当てると射程は広がり、「代替施設確保の困難性」の箇所で触れた首藤のように、「最も外部から注目を浴びる場所での集会の開催が保障されること」を「集会の自由の重要な構成要素」として考えると、「みられる」ことが重要となり、建物と「一体」として管理されている市庁舎前広場に限られない施設にも当てはまる論点として登場することになる。

⑵健全な民主主義と支障の防止

最高裁多数意見と対照的であるのが、宇賀反対意見である。それは、「市民の中には、様々な意見を持つ者がおり、被上告人の政策に不信感を持つ者も当然存在するはずであり、被上告人に対して抗議をしたり、被上告人に協力したくないと考えたりする者もいるかもしれないが、そのように被上告人の政策に批判的な市民が存在し、実際に被上告人の政策を批判すること自体は、民主主義国家として健全な現象といえ、それを否定的にとらえるべきではない」とする。異論の存在を「民主主義国家として健全な現象」とするわけであるが、このような理解は既に第1次訴訟の段階で市川などが主張していたことである。(21)

また、金沢市が主催者であるわけではないことから、実際にこれらの誤解が生じるのか疑問であり、仮に生じるとしても解決可能であると思われる。この点について、最高裁多数意見は、「上記支障は庁舎等において上記のような示威行為が行われるという状況それ自体により生じ得る以上、当該示威行為を前提とした何らかの条件の付加や被上告人による事後的な弁明等の手段により、上記支障が生じないようにすることは性質上困難である」としている。毛利の指摘に従えば、多数意見は、建物である市庁舎と一体の場所にある以上は、支障が生じることになり、その防止も困難とするわけである。

他方、宇賀反対意見は、「仮に、そのような市民の中に、常軌を逸した抗議を行ったり、被上告人の事務又は事業を妨害したりする者がいれば、民事訴訟を提起したり、不退去罪、威力業務妨害罪、公務執行妨害罪等に該当するとして公訴の提起を求めたりするなどの対応をとらざるを得ないことになるが、そのような極端な場合が抽象的にあり得ることを理由として、本件広場の使用を許可せず、集会の自由を制限することは、角を矯めて牛を殺すものといわざるを得ない」とする。「角を矯めて牛を殺す」ということわざまで引用して、「極端な場合が抽象的にあり得ること」を理由として、「集会の自由を制限すること」に対して強烈な批判をしていることになる。

最高裁判決前に、山崎が、『中立性』を疑う第三者には、通常の苦情処理制度の利用を促し得る」し、「このようなソフトな制度利用を拒否し、より強硬な手段により市の事務等を妨害する者に対しては、不法行為責任の追及や、威力業務妨害罪の適用等、民刑事上のよりハードな対抗措置も行使できよう」と指摘していた。[22] 先にみた呉市事件最判は、支障に具体性を求めていたものと考えられるのに対して、最高裁多数意見は、山崎のハードな対抗措置が必要な状況や、宇賀反対意見のような抗議が妨害に至るような極端な場合を想定しているようには思われず、具体的な集会に対する妨害ではなく、これまでに存在しない苦情・誤解に基づく行政の事務・事業に対する一般的で抽象的な支障を、不許可を認め得る支障として理解するものであって、この程度の支障で不許可を正当化することはできないと考えられる。[23]

(3) 事務・事業に対する一般的で抽象的な支障と一般的な事務・事業における支障

また、管理上の支障とは相当異なるこのような行政の事務・事業に対する一般的で抽象的な支障を特定の目的外使用許可申請を不許可にできる支障として理解できるのであれば、それを争うことは相当に困難になる。神橋は、「①庁舎管理権に基づき庁舎の規律維持の目的で庁舎における『政治的行為』を制限することと、②庁舎（の一部）において許可を受けて行われる集会等の行為の政治的波及効果を理由に使用を制限することとは全く異なる」ことを指摘し、第2次訴訟地裁判決が固執する市の中立性に対する疑念から生ずる支障のごときは、この②の問題であるとし「集会という行為に起因する波及効果であるから、その具体的な内容や蓋然性はもとより、支障の軽重や回避可能性などが、その当該事件に即して問題となるはずである」と批判している。[24]

さらに、このような支障は、より一般的な事務・事業においても生じるものと考えられる。例えば、宇賀反対意見は、「市民会館のように公の施設であることが明らかな施設の使用を許可された上で行われる集会の場合であっても、被上告人が当該集会で発せられるメッセージを支援していると誤解して苦情を申し立てたり抗議をしたりする者が生ずる可能性は抽象的には存在する」としている。さらに、山崎が指摘するように、「市の『中立性』を疑う第三者が市の事務等の『円滑な遂行』を妨げるおそれは、本件広場での集会を市が許可した場合に限らず、日常的に想定できる」であろう(25)。

誤解に基づく抗議の可能性は、公共施設利用以外の他の文脈でも生じ得る。例えば、公の施設にネーミングライツを導入した場合、公の施設であるにもかかわらず、特定の企業と自治体の結び付きがあるようにみえる。また、名古屋市庁舎でエレベータを利用しようとすると、そのエレベーターに民間企業の広告が表示されていて、表面的には市が特定の民間企業を支援しているようにみえる。名古屋市では、行政財産の目的外使用許可と広告掲載契約という枠組みで運用しているとのことであり、このような行政財産の目的外使用許可は、市庁舎とは相対的に区別される市庁舎前広場と比較しても、市庁舎内部のものとして、誤解の可能性は高いと推測されるが、それによって市民の協力が得られないという判断はしていないことは明らかである。このような政策の妥当性自体は問題となり得るとしても、こうした運用は、誤解に基づく「支障」に説得力がないことを示している。

3　政治的中立性の不明確性とその判断の仕方

第2次訴訟においては、「特定の政策、主義又は意見に賛成し、又は反対する目的」での示威行為が問題となっており、それは、名古屋高金沢支判によれば、「地方公共団体として特定の主義・主張等に偏っているという疑念を生じさせる行為を禁止し、もって地方公共団体としての中立性を保つことによって公務の円滑な遂行を維持するという目的を有している」。金沢地判や名古屋高金沢支判は、単に「中立性」としているが、最高裁多数意見は、明示的に「政治的」な「特定の政策、主義又は意見」に焦点を当て、「政治的中立性」としており、それをどのように理解すべきかが問題となる。山崎は、金沢地判に対する論評として、「中立性の確保」を法的根拠や内容が必ずしも明らかでないことを指摘し、「『中立性確保』の導出過程は明確を欠き、おそらくそれゆえに、市があらゆる政治的見解から自由でいられるというナイーブ極まりない『中立性』概念に依拠する結果」となり、「それゆえ、その『中立性の確保』を損なう弊害の認定もまた経験則に合致しない推定を重ねた抽象論に止まる」として、「中立性」概念の不明確性を「支障」の緩やかな認定の原因となっていることを指摘している(26)。

この「政治的中立性」の要求は、公務の政治的中立性のために、自治体が特定の政党等に便宜を図ってはならないといった意味での「政治的中立性」などとは異なり、かなり一般的抽象的なレベルでの要求である。しかし、行政財産の目的外使用許可としても、例えば、呉市事件における教職員組合による公立学校の教室利用や、庁舎内における職員団体の事務所に対する許可を考えれば(27)、そこにおいて一定の政策批判が行われるとしても、それを「政治的中立性」との関係で問題にしていないことは明らかである。こういったことと比較してみても、最高裁多数意見による「政治的中立性」の要求によって制約される射程は明確性を欠くものとなっている(28)。

次に、申請に対する手続のあり方として、最高裁多数意見は、憲法施行七〇周年集会について、「許可申請の際の聴取り調査において、控訴人ら自身が、憲法を守っていく立場から、政治に対する批判や問題提起はあると考えられる旨回答していることを踏まえて」、不許可処分をしていると認定している。単なる書面上の判断ではなく、聴取り調査によって判断することによって、適切な判断が可能となる（あるいは過去の判断との相違を正当化できる）ということのようである。しかしながら、手続以上に判断基準の問題が大きく、また、聴取り調査によって、事前に集会の内容に立ち入って許可の判断をするという別の問題を生じさせることになる。長内は、「中立性を根拠に、『特定の政策、主義又は意見』を表明する集会を禁止するが、市の中立性を損なう集会とは何かを市自身が認定する以上、そこに恣意的判断が介在する可能性も否定できない」と批判し[29]、神橋は、聴取り調査にかかわって、「実際には、この目的の有無をめぐって、申請の段階で申請者と市の担当者側でさまざまな交渉が行われ、そこに忖度など決定の透明性が損なわれる事態や表現行為への萎縮効果が生じることが、大いに危惧されるところである」と批判する[30]。

四　パブリック・フォーラム論

1　公共用物・公用物とパブリック・フォーラム論

ここまで、公共用物と公用物という区分との関係で、使用許可を論じてきたが、憲法学においては、それとは異なりパブリック・フォーラム論との関係で、使用許可が論じられることがある。既に見てきた公共用物としての公の施設にかかわる泉佐野市民会館事件最判や上尾市福祉会館事件最判との関係では、両事件の調査官解説が、「パブリック・フォーラムの法理」に言及している[31]。上尾市福祉会館事件の秋山調査官解説は、アメリカと同様に、「本来市民の共同使用が前提とされている施設である公園や広場などの場合」と「特定の者の排他的な利用が前提となっている公会堂等のような閉鎖的な施設の場合」を区別し、「後者の場合には、その自由の程度等が自ずから限定される結果となることもやむを得ないというべきであろう」としていた[32]。日本の近年のパブリック・フォーラム論においては、伝統的パブリック・フォーラムと指定的パブリック・フォーラムにおける自由保障の議論の仕方がアメリカとは逆転していることが指摘されているが、[33] 公の施設利用のリーディングケースの射程が拡大され、市民会館のような指定的パブリック・フォーラムに関する考え方が公園のような伝統的パブリック・フォーラムにも及ぼされたとも評価されている。[34]

他方、公用物としての行政財産の目的外使用許可にかかわる呉市事件最判の場合、学校施設がパブリック・フォーラムではないと考えられている。[35] しかし、それにもかかわらず、先にみたように、裁判所の審査密度は高いものとなっており、非パブリック・フォーラムとされてきた施設をパブリック・フォーラム論に取り込むといった評価もなされている。[36]

2　金沢市庁舎前広場とパブリック・フォーラム

金沢市庁舎前広場は、どのように理解されているであろうか。第1次訴訟において、金沢地判は、「本件広場が指定的パブリックフォーラムに該当するとはいえ」ないとする。しかし、平地は、「指定パブリック・フォーラム」の基準を政府の意図に求めるならば、「パブリック・フォーラム性の否定や当該表現活動の排除の正当化という結論が容易に導かれてしまう」という問題点を指摘する。[37] また、第2次訴訟にかかわって、市庁舎前広場の設置管理条例が存在しないことから、それが公の施設とは考えられとは言えないことに触れてきたが、辻は、第1次訴訟にかかわって、「アメリカのパブリックフォーラムの展開から見れば、条例の不存在はパブリックフォーラムの該当性を否定しえ」ないとして、パブリック・フォーラムとの関係で同様の批判をしている。[38]

また、第2次訴訟も含めて、玉蟲は、「日本の裁判例では、公共用物／公用物の区別がPF（「パブリック・フォーラム」のこと―榊原）該当性の判断に影響しているように見えるが、両者の区別が相対的であることからすれば、この形式的区別をPFにあたるか否かの判断にそのまま持ち込むのは妥当とは思われない。公共用物をPF、公用物を非PFと区分するのは短絡的である。個別の公物につき、それが集会利用にふさわしいものであるかを実質的な観点から検討することが肝要だろう」とする。[39] 江原も同様に、「広く市民による集会ないし表現行為のための使用が許可されてきたという運用」を重視すれば、同広場は「集会のための利用を主たる目的の一つとする公共施設であるとの見方も成り立ちうる」として、「公共財産／公共用財産という形式的区別に基づく公共施設のパブリックフォーラム該当性の確定は否定されることとなり、泉佐野市民会館事件最高裁判決において示されたような厳格化された総合衡量を判断枠組みとして当該使用不許可処分の違憲性を問う地平が生まれる」とする。[40] さらに、山崎は、「集会の自由は、行政財産の設営に対して客観的拘束を及ぼす憲法規範（の一つ）だと率直に認めるべきであろう」として、「地自法が規定する『公の施設』（公共用物）のみならず、「公用物」の使用許否もまた、集会の自由の価値に照らして評価することが可能になる」とする。[41]

第2次訴訟における最高裁多数意見にはパブリック・フォーラム論への言及はないが、宇賀反対意見では、「予備的な見解」として、「念のために本件広場に本件規則が適用されるとの多数意見の理解を前提」としても、「いわゆるパブリック・フォーラム論に基づいた次の理由により、本件広場における集会に係る行為に対し本件規定を適用することは憲法二一条一項に違反しており（……）、したがって本件規定を本件広場における集会に係る不許可理由として援用することはできないこととなる」とし、「本件広場は、前述したような形状、位置及び利用の実態に鑑みれば、パブリック・フォーラムとしての実質を有するといえる。パブリック・フォーラムにおける集会でなされるおそれのある発言内容を理由に不許可にすることは言論の自由の事前抑制になるので、ヘイトスピーチを目的としたり、特定の個人に対する名誉毀損や侮辱という犯罪が行われたりする明白なおそれがある場合でなければ、原則として認められるべきではない」とされている。

ここで、宇賀反対意見が市庁舎前広場を「パブリック・フォーラム」と理解できるのは、先にみた「空間的時間的分割使用」を認めているからと思われ、上記と同様のことを論じていると考えられる。結局、市庁舎前広場をパブリック・フォーラムとして考える学説や宇賀反対意見は、公共用物と公用物の二分法で判断することが妥当ではないことを述べるもので、パブリック・フォーラムという説明は「空間的時間的分割使用」の考えと同様のものであると評価できるように思われる。

なお、「本件規定が念頭に置いていると考えられるような抽象的な支障」による不許可を認めれば、「その時々の市長の政治信条次第で『見解による差別』を認めることになりかねない」という宇賀反対意見の懸念は、先にみた「政治的中立性」にかかわる問題点の指摘と考えられる。

おわりに

みてきたように、金沢市庁舎前広場は、ルールの適用関係が明確ではなく、また、金沢市の管理規則が、市庁舎前広場の利用を行政財産の目的外使用を規定するものであるのかも明確ではないという問題点を有しており、「公物管理（庁舎管理）の一般的な法理が示されたと解すべきではない」という指摘もある。(42) 他方で、市庁舎前広場の利用を目的外使用として、より普遍的な意味を有する危険性も否定できない。自治体職員も一定数の者がこの判決に関心をもっているようであり、「角を矯めて牛を殺す」（「角を矯めようとし牛を殺す」）ということわざを用いて、その点でも注目を集めていると思われる宇賀反対意見に対する賛同が少なくない。このような最高裁多数意見によって、首長の意向が強く働く自治体においては、むしろ対応が難しくなる可能性もあり、自治体における健全な民主主義の観点からはネガティブな影響しかない。

最高裁多数意見は、公共用物と公用物の二分法に基づく極めてカテゴリカルな判断を示すものであり、キーとなる概念の不明確さと組み合わさって、過去の判例に照らしてみても説得力を欠くものである。上告受理申立て理由書においては、「空間的時間的分割使用」に基づく主張や、呉市事件最判との相反が主張されていたが、不受理決定がなされたこともあり、多数意見においては、まったく言及がなされておらず、多数意見がどのように考えていたのか不明である。神橋が指摘するように、「本件において憲法論と裁量論が相当程度関連しており、いわば不即不離、不可分一体に近いものであるとするならば、この二つのレベルの判断が分断され」、憲法論のみが示されたことは「上告審における判断のあり方」として、問題を残していると考えられる。(43) 憲法と行政法にまたがる問題であることから、憲法と行政法の研究者の間の対話が必要であるが、第1次訴訟・第2次訴訟を通して、基本的な方向について、両者に相違はないように考えられる。他方で、最高裁多数意見の論理に公法研究者の多数が賛同していないと考えられるのも、その論理における説得力の乏しさを示している。

より一般的なレベルの問題として、呉市事件最判によって一定程度克服されたと思われる、司法制度改革以前の旧態依然としたカテゴリカルな発想が依然として最高裁の多数意見として存続しており、司法制度改革を経た現在において、学説と判例の距離は、縮まるのではなく、むしろ拡大しているのではないかとすら思われる。最高裁においては、藤田宙靖裁判官退任以降、公法、特に行政法判例における停滞が続いていたと考えられる状況で、宇賀裁判官が誕生したにもかかわらず、最高裁全体の姿勢に大きな変化がないことにも目を向ける必要がある。最高裁裁判官選任の問題、特に最高裁裁判官となる弁護士の属性の変化にも一因があると思われる。(44)

注

(1) 首藤重幸「公共施設の利用制限をめぐる法的問題」日本地方自治学会編『憲法の中の自治、自治の中の憲法(地方自治叢書三〇号)』(敬文堂、二〇一九年)八七頁―九五頁。

(2) 榊原秀訓「金沢市庁舎前広場申請不許可処分の違法性」南山法学四〇巻二号(二〇一七年)二七一頁―二八八頁。

(3) 上告受理申立ての不受理決定において、「裁判官宇賀克也の反対意見があるほか、裁判官全員一致の意見で、主文のとおり決定する。」とされている。また、宇賀裁判官は、第2次訴訟以前に、「不受理決定」と題した巻頭言において、「不受理決定については、個別意見を付すことはできなという考え方が実務では強いようであり、個別意見を付すことは認めないという運用が、少なくとも私の所属する小法廷ではなされている」、「実際には、同小法廷では、受理すべきか否かについて濃密な議論が行われ」ているという説明をしていた。宇賀克也「不受理決定」自治実務セミナー七〇八号(二〇二一年)一頁。

(4) 毛利は、「宇賀反対意見は多数意見と異なり、原審判決における地方自治法等の法令解釈の誤りを中心に論じており、元々は主にこの上告受理申立てへの対応として執筆されたものではないかと推測される」としている。確かに、上告理由書よりも、上告受理申立て理由書にかかわる部分が少なくないように考えられる。毛利透『『広場』で政治的集会を開催する自由はなぜ大事なのか―金沢市庁舎広場集会不許可事件最高裁判決を受けて」世界九七〇号(二〇二三年)一一九頁。

(5) 神橋一彦「公共施設の使用許可と集会の自由」法律時報九三巻七号(二〇二一年)一〇〇頁。

(6) 長内祐樹「市庁舎前広場における集会開催不許可処分に係る国賠請求事件」自治総研五一二号(二〇二一

年）五八頁―六〇頁、七三頁。

（7）首藤は、「多くの自治体が建物の内部ではなく、その庁舎の前に広場を設けて、市民に活動（集会を含む）の場所を提供している」としている。首藤・前掲注（1）九二頁。また、法学の論文ではないが、荒木祐介・佐久間康富「指定都市・中核市を対象とした市庁舎前広場の管理運営実態と利用実態に関する研究」都市計画報告集二〇号（二〇二一年）六〇頁―六五頁においては、長野市、静岡市、堺市、福山市、福岡市、八戸市、秋田市、富山市、金沢市、甲府市における市庁舎前広場が扱われている。

（8）首藤重幸「公物訴訟判決後の条例等の改正の法的検討」早稲田法学九四巻四号（二〇一九年）三〇四頁、三〇六頁―三〇七頁。

（9）同前三一一頁―三一四頁。

（10）ここで紹介する判例等については、榊原秀訓「自治体の政治的中立性と住民の公共施設利用権」同『行政裁量と行政的正義』（日本評論社、二〇二三年）八二頁―一〇二頁参照。

（11）筆者も、先に触れた第1次訴訟の意見書においてこのことを主張していた。榊原・前掲注（2）二七五頁―二七六頁。また、第2次訴訟においても、公用物と公共用物の二分法については批判的なコメントや、「空間的時間的分割使用」の重要性に対する言及がなされている。例えば、神橋一彦「公共施設の使用許可と集会の自由」法律時報九三巻七号（二〇二一年）一〇二頁、長内祐樹「判批」新・判例解釈Watch三三号（二〇二三年）四七頁―四八頁。

（12）宇賀克也『行政法概説Ⅲ（第五版）』（有斐閣、二〇一九年）五五五頁。

（13）稲葉実香「判批」新・判例解釈Watch三三号（二〇二三年）三〇頁。

（14）毛利・前掲注（4）一二二頁―一二六頁。毛利は、「広場は、庁舎等管理規則が通常の適用対象とする庁舎建物とは性質が全く異なり、市民の使用に広く開かれた施設である」とする。

（15）曽我部真裕「表現の自由（六）―表現などへの政府助成とパブリック・フォーラム論」法学教室四九四号

（二〇二一年）七四頁。

(16) 首藤・前掲注（1）一〇三頁―一〇四頁。

(17) 神橋一彦「公共施設の使用と集会の自由」法学セミナー八〇八号（二〇二一年）七七頁注（25）。また、代替施設に関する論点に注目するものとして、岡野誠樹「判批」法学セミナー八二三号（二〇二三年）一一三頁。

(18) 榊原・前掲注（2）二八〇頁―二八四頁参照。

(19) 皇居前広場事件最大判のように、特定の者に許可使用がなされることが自由使用をする者との関係で支障とならないかといった論点があるが、少なくとも現在においては、それを支障と理解することはできない。毛利は、「たとえそこを『休息』あるいは娯楽あるいは単なる往来の場として利用している人が多数であったとしても、憲法による集会の自由保障は、他の人々の活動を多少阻害してでもそこに多数の人々が集まり、他の人々を不快な気分にさせる集会を行うことの価値を認めている」と指摘している。毛利透「集会の自由」同編『講座　立憲主義と憲法学〈第三巻〉人権Ⅱ』（信山社、二〇二二年）二七一頁。この点について、榊原・前掲注（10）八七頁―九七頁も参照。

(20) 毛利・前掲注（4）一二二頁―一二五頁。

(21) 市川正人「公共施設における集会の自由に関する一考察―金沢市役所前広場訴訟を素材に―」立命館法学三七三号（二〇一七年）八二九頁。市川は、「一般的に言って、市民の中には市の政策、政策に批判的な人は多々いるのであって、そのこと自体は民主主義社会において健全なこと」とする。

(22) 山崎友也「集会の自由と公共物管理権―金沢市役所前広場事件を素材に―」金沢法学六四巻一号（二〇二一年）一一六頁。山崎がソフトな制度としてあげる苦情処理制度について、榊原・前掲注（2）二八五頁参照。

(23) 桧垣伸次「判批」新・判例解説Watch二八号（二〇二一年）三八頁も参照。

(24) 神橋一彦「公共施設をめぐる『管理』と『警察』―集会の自由との関係を中心に―」行政法研究三六号（二

〇二〇年）三五頁―三六頁。さらに、①と②の区別を重視することから、②は第三者の反応という「それ自体、実体や正当性の評価が問われるものを媒介にした」ものであること自体の問題を指摘している。

(25) 山崎・前掲注（22）一一五頁。

(26) 同前、一一五頁、一一六頁―一一七頁。

(27) もっとも、塩野宏『行政法Ⅲ（第五版）』（有斐閣、二〇二一年）四三四頁は、職員団体の事務所の設置を従来の運用では目的外使用許可としているが、「具体的な使用形態が、目的外使用にあたるのか、もともとの公用（又はそれに準じたもの）であるかどうかは必ずしも容易ではない」と指摘している。

(28) 石川県ＭＩＣＥ助成金申請の文脈のものであるが、制約される「政治活動」の射程が明確性を欠くものとなっていることにつき、榊原秀訓『地方自治体の補助金にみる政治的中立性』（自治体研究社、二〇一八年）三一頁―四二頁参照。

(29) 長内・前掲注（11）四八頁。

(30) 神橋・前掲注（5）一〇三頁。

(31) 泉佐野市民会館事件につき、近藤崇晴「判解」『最高裁判所判例解説民事篇平成七年度（上）』（法曹会、一九九八年）二九五頁注（1）。上尾市福祉会館事件につき、秋山壽延「判解」『最高裁判所判例解説民事篇平成八年度（上）』（法曹会、一九九九年）二〇八頁。

(32) 同前二一一頁。

(33) 長岡徹「公園・広場と集会の自由」法と政治六九巻一号（二〇一八年）五一頁。

(34) 中林暁生「憲法判例を読みなおす余地はあるか」辻村みよ子・長谷部恭男編『憲法理論の再創造』（日本評論社、二〇一一年）八三頁―八五頁、同「パブリック・フォーラム論の可能性」憲法問題二五号（二〇一四年）三七頁―三八頁、同「パブリック・フォーラム論」曽我部真裕・赤坂幸一・新井誠・尾形健編『憲法論点教室（第二版）』（日本評論社、二〇二〇年）一三七頁―一三八頁。

(35) 例えば、山本龍彦「行政裁量と判断過程審査」同前五五頁。
(36) 亘理格「公共施設利用関係と裁量統制」同『行政行為と司法的統制』(有斐閣、二〇一八年) 四一三頁―四一六頁。また、この事件の調査官がパブリック・フォーラム論を意識していたことについて、市川・前掲注(21) 八一一頁注(20)参照。
(37) 平地秀哉「判批」新・判例解説Watch二〇号(二〇一七年)三三頁。
(38) 辻雄一郎「判批」判例評論七一〇号(二〇一八年)一五一頁。
(39) 玉蟲由樹「公物の利用関係の規律と憲法二一条」法学教室四八八号(二〇二一年)三五頁。
(40) 江原勝行「集会の自由と公共施設の『公共性』」憲法研究一〇号(二〇二二年)二〇一頁―二〇二頁。
(41) 山崎・前掲注(22) 一二二頁―一二三頁。
(42) 神橋一彦「行政法ポイント判例研究　金沢市庁舎前広場事件(第2次訴訟)判決」行政法研究五〇号(二〇二三年)二八四頁―二八五頁。
(43) 同前二八七頁。
(44) 榊原秀訓「司法制度改革以降の裁判官任命制度―司法の独立性とアカウンタビリティの観点から―」同・前掲注(10) 一四三頁―一四五頁参照。

(さかきばら　ひでのり・行政法)

Ⅳ　公募論文

住民と市町村議会の間のプリンシパル・エージェント関係を検証する
――原発再稼働をめぐる住民世論と市町村議会の意見書の可決状況の分析――

砂金祐年
（常磐大学）

はじめに

プリンシパル・エージェント・モデルでは、有権者が本人（プリンシパル）、政治家がその代理人（エージェント）であるとされている。本稿はこのモデルを住民と市町村議会（およびその議員）の関係に当てはめる。そして計量分析によってモデルの当否を明らかにすることが本稿の目的である。

有権者が本人、政治家が代理人と考える見方がある一方、地方議会や議員が機能していないとする意見も根強い。特に住民からはしばしば「議員は住民のためには仕事をしていない」「議員は住民の感覚からは乖離している」という否定的なイメージを持たれることがある。

しかしこのようなモデルとイメージの乖離について、計量分析によって検証した研究はほとんどない。では有権者と地方議会の間には、本当にプリンシパル・エージェント関係が成立しているのだろうか。この点について客観的なデータにもとづいた検証が必要である。

本稿では、原発再稼働をめぐる住民世論と、市町村議会における再稼働反対等の意見書の可決状況の

計量分析を通じて、住民と市町村議会の間のプリンシパル・エージェント関係を検証する。(1)

本稿の構成は以下の通りである。

第一章では先行研究の整理を行う。政治学や行政学におけるプリンシパル・エージェント・モデルは、第一段階の「有権者と政治家の関係」と第二段階の「政治家と官僚の関係」という二段階の関係が想定されている。だがこれまでの研究は主として第二段階の関係に焦点が当てられており、第一段階の関係は現代民主制の当然の前提として等閑視されてきたことを述べる。次にプリンシパル・エージェント・モデルが想定する住民と地方議員の関係を整理したうえで、モデルに反して住民が地方議員に対して抱くイメージは否定的なものが多いことを論じる。そして地方議会を計量分析した先行研究を概観し、その多くが都道府県を対象としたものであり、市町村議会を対象としたものは少ないことを論じる。

第二章は原発再稼働問題に関する「三環構造」仮説について概略する。

第三章では、住民に対するWEBアンケート調査結果にもとづき、原発再稼働に対する住民世論の分布状況をクロス集計とその残差分析によって確認する。また住民世論の規定要因を重回帰分析によって検証する。これらの結果はいずれも「三環構造」仮説と整合する。

第四章では、市町村議会における原発再稼働等に反対する意見書の可決状況を従属変数とし、原発反対の住民世論、および原発からの距離や政治的・社会経済的変数群を独立変数とした二項ロジスティック回帰分析を行う。

あらかじめ結論を述べると、他の独立変数の影響を統制しても、原発に反対する住民世論が強い市町村の議会ほど再稼働等に反対する意見書を可決する傾向があることが検証された。これは「有権者が本人であり政治家は代理人である」という、プリンシパル・エージェント・モデルの知見と整合する。ただし、意見書は提出先の機関を拘束しない一種の建前であることから、市町村議会議員が有権者の政策選好に沿った活動をしていることをアピールする手段として利用されている可能性などについても指摘する。

一　プリンシパル・エージェント・モデルと地方議会

1　プリンシパル・エージェント・モデル

現代民主制におけるプリンシパル・エージェント関係について、曽我は以下のように整理している。

現代民主制が、国民がもつ主権を政治家、さらには官僚に委ねていくしくみであるということは、言い換えれば、現代民主制は、本人・代理人（ＰＡ：プリンシパル・エージェント）関係の連鎖としてとらえられるということである。本人・代理人関係とは、本人がもつ権限を代理人に委ねることで成立する関係である。私たち国民は主権者であり、私たちが直接に政治を担う、すなわち政策形成を行ってよい。しかし、時間やエネルギーの限界、そして能力の制限があるために、代理人に政策の決定とその実行を委ねている。そして、私たちが代理人として選出した政治家もまた、すべての政策決定を行い、実施するには、人手の面でも能力の面でも限界があるために、代理人としての官僚を用いる。つまり、政治家とは、有権者という本人から見ると代理人であると同時に、本人として官僚という代理人を統制する存在でもある。官僚に対する政治家の統制、すなわち民主的統制とは、この二重の本人・代理人関係を通じて、最終的に私たち国民が望む政策を手に入れるための手段である（曽我二〇一二：一八―一九頁）。

このように、政治学・行政学の分野では二重のプリンシパル・エージェント関係が想定されている。第一段階の「国民がプリンシパル、政治家がエージェント」という関係と、第二段階の「政治家がプリンシパル、官僚がエージェント」という関係である。しかしこれまでの研究は第二段階の関係に、それもエージェンシー・スラック[2]の問題に焦点が当てられることが多かった[3]。それに対し、第一段階の関係は現代民主制の当然の前提とされ、実証的な分析の対象とされることは少なかったように思われる。

2　プリンシパル・エージェント・モデルが想定する住民と地方議員の関係

それでは地方自治において、プリンシパル・エージェント・モデルが想定する関係はどのようなものだろうか。ここでは合理的選択制度論における限定合理性にもとづいて政策過程のアクターとしての有権者と政治家の行動原理をまとめた佐藤（二〇〇七）を参考に整理する。

まず前提は次のようになる。「政策は公共財の性質を持つために、住民一人一人は通常その供給の手段を持ち合わせていない。そこで、政策における公益実現のために、政策決定と事業の遂行を実際に行うエージェントを求めることになる」。よって「住民が選挙で首長、議員を選び、政策の形成を委任する」。つまり「選挙を通じて住民がプリンシパル、首長、議員がエージェントとなるエージェンシー関係を結んでいると理解できる」。

この関係において、プリンシパルである有権者とエージェントである政治家の行動原理は以下のようになる。まず、「有権者は、自らの政策選好を表明しそれを政治家の選挙を通じて実現する。それにより、有権者は税金の負担に対して最大の見返りを獲得することを目指す」。一方、「政治家は政治家でいることによって得られる便益を追求するために再選」を目指す。したがって「有権者からの支持を得るために、議員は選挙区民の要望の実現や地域の発展を図る」。そこで「住民は税金の負担に対して最大の見返りを獲得すること―政策がもたらす便益の最大化―をその目的とする。この行動原理は、例えば選挙に際し自分に最大の便益をもたらすと予想される候補者への投票というかたちで現出する」。「議員はその職にあることによって得られる便益が、立候補あるいはその職にあることによって発生する費用に比べて主観的に大きなものであるから選挙に出る。したがって、彼らは再選を行動原理とする」のである（佐藤　二〇〇七：五二―五四頁）。

3　地方議員・議会の「一般的」イメージ

ところで、プリンシパル・エージェント・モデルが想定するように、地方議員が選挙区民の要望の実現を図っているのかは検討の余地がある。特に住民の側からは、議員がエージェントとしての役割を果たしていることに対する疑念が表明されることも多い。

金井は「一般に、世間が自治体議会・議員を見る目は厳しいと言える」とし、自身が聴査した情報を総合した「よくある議会・議員の通念的なイメージ」を次のように挙げている。「議員というのは、基本的に住民のためには仕事をしていない」「議員は代表を『僭称』し、結果的には一般住民の声を聞かない。聞くのは、せいぜい後援会や支持者・支持団体の声だけである。議員は自分が住民の代表であると『錯覚』しているから、住民からの声を聞くまでもないと感じるのである」「一般住民の声を議会で聞くことにも消極的である」「議員は一般住民の感覚からは乖離している。一種の特権『身分』である。したがって、住民のことを理解できない」「『議会人』は一般住民とは違うから、女性、サラリーマン、若年層は少ないなど、一般住民を反映した構成にはなっていない」「感覚的に言って議員は、一般住民の利益に背を向け、最小の自らのコストで最大の自らの福祉を得ようとする特権的な既得権益集団であり、大して働かずに大きな対価を得ようとし、トラブルに絡んで『ひと儲け』をねらっている」（金井 二〇一九：五—八頁）。

辻も「地方議会に対する住民の評判には非常に厳しいものがある」と論じたうえで、「他方で、強い熱意をもって『議会改革』に邁進している地方議会関係者が存在するのも事実である。（中略）だが、その熱意や議会改革の成果がどの程度広く住民に伝わっているかというと、甚だ心許なく思われる」とし、「『二元代表制』の観点から導かれる理想的な地方議会・地方議員モデルと実際の議会や議員のあり方との間で、現状はズレが生じているといわざるをえない」としている（辻 二〇一九：ii—v頁）。

以上のような地方議会の「一般的」イメージは、プリンシパル・エージェント・モデルが想定する関係と大きく異なっている。では、住民と地方議員との実際の関係は同モデルに近いのだろうか。それとも「一般的」イメージに近いのだろうか。客観的な分析が必要である。

4 市町村議会についての計量研究の少なさ

しかし地方自治の、特に政治過程の分野において、実証分析とりわけ多変量解析を用いた研究は、国レベルを対象とした研究と比較して未だ少ないのが現状である。以下、近年の地方自治における計量分析による研究を概略する。

曽我と待鳥は、「二元代表制の下で、都道府県の政治的特徴の違いは、いかなる政策選択の違いをもたらすのか、その理由は何か」という問いを立て、独立変数として都道府県の知事と議会の党派性と両者の関係を、従属変数として都道府県の歳出歳入額を設定し、計量分析を行った。そして戦後日本の地方政府はほぼ一貫して独自の政策選択をしてきたこと、また約一五年をひとつのサイクルとした変動の連続であったことなどを実証的に明らかにした（曽我・待鳥　二〇〇七）。

河村は、中央では対立する与野党が地方選挙では連携するというい わゆる「相乗り選挙枠組み」が、なぜ一九八〇年代から一九九〇年代にかけて全国的に行われ、それ以降は衰退したのかについて、主として首長（知事および市区長）選挙の分析を通じて検証した。そして与野党相乗りは、他の自治体と競争するために自治体内における与野党の競争を棚上げした選挙枠組みであった、と論じている（河村　二〇〇八）。

馬渡は、都道府県における知事と議会の関係について、知事提出議案の議決に着目した五つの仮説を検証し、地方議員が政策に影響を及ぼすなど積極的な役割を果たしていると論じた。また都道府県議会議員は、国会における主要な人材供給源を構成しているなど、日本政治において重要な役割を果たしているとした（馬渡　二〇一〇）。

砂原は、公式・非公式の制度が「ゲームのルール」として知事と都道府県議会の相互作用のパターンを規定するとした。その制約の下、地方議会が歳出について「現状維持点」を志向すること、一方知事については、議会との関係や政権交代が、その選好に影響を与える重要な要因となることなどを実証的に明らかにし、二元代表制における首長と地方議会の政治的競争を通じて政策が選択されていくメカニズムを描いた（砂原　二〇一一）。

辻は、都道府県知事選挙、都道府県議会における会派の変動、知事提出議案の議決結果の三つの分析を通じて、保守と革新の対立構造や国政と地方政治の接近の程度、政治的対立のあり方が、時期によっても、また都道府県によっても異なることを検証し、それらの要因を分析した（辻　二〇一五）。

これらの研究により、中央地方関係の分析や地方公務員についての分析、あるいは特定の地域・分野についての事例研究が多かった地方自治研究において、地方政治やその政治過程を計量的手法によって検証する道が開かれ、広がった。本稿が対象とする地方自治におけるプリンシパル・エージェント関係についても、有意義な知見が多く含まれている。

しかし以下の二点もまた指摘されなければならないだろう。

第一に、これらのほとんどが都道府県知事ないし都道府県議会、および両者の関係を分析の対象としていることである。市町村議会やその議員を対象とした計量研究は、二〇〇〇年以降の市町村議会における議会改革が市町村の政策パフォーマンスにどのような影響を与えたのかを検証した長野（二〇一九）や、市議会会議録の計量テキスト分析を通じて、市ごとや時期ごと、会派ごとの違いを分類した増田の一連の研究（例えば増田　二〇一六）などを除いて未だ少ないのが現状である。

第二に、住民と地方議員の関係については主として選挙が分析の対象とされている。そのためエージェントである地方議員がプリンシパルである住民の支持を得るために住民の要求の実現を図っている有様について、計量的に分析したものはほとんど存在しない。そうした関心にもとづく研究は、市議会議員のインタビューを通じて「二四時間、三六五日」奮闘する地方議員の姿を描いた辻（二〇一九：六九―八一頁）や、複数の市議会議員のライフヒストリーを通じて地方議員の行動と動機を活写した中道・小谷（二〇一三：四二九―五五一頁）など、主として質的な事例研究によってなされてきた。

5　市町村議会の意見書を分析対象とした計量研究

市町村議会について、その意見書の可決状況に着目して分析したのが砂金（二〇二一b）である。砂金は、東海第二原発が所在する茨城県、および隣接する栃木県、埼玉県、千葉県の一八六市町村の議会における東海第二原発の再稼働に反対する意見書の制定状況を、イベント・ヒストリー分析によって検証した。原発からの距離に応じて中心・周辺・外部の三つの地域を比較すると、周辺の地域の市町村議会は再稼働に反対する意見書を可決しやすい傾向にあるのに対し、中心と外部の地域の市町村議会は可決しない傾向があることを明らかにした。特に周辺の地域では、原発に対して肯定的な立場であることが想定される保守系の会派も含め全会一致で可決される傾向があることを示した。砂金はこうした傾向について、原発再稼働をめぐる「三環構造」と呼んでいる。

意見書は「議会の議決が単に議会そのものの意思を決定するにとどまり（機関意思の決定）、普通地方公共団体の意思（団体意思）の決定ではない」[4]。だが有権者と市町村議会の間にプリンシパル・エージェント関係が成立しているのであれば、原発再稼働をめぐる意見書の可決状況は、本人たる有権者の意思を代理人である市町村議会が代弁した結果であるとも捉えることができるはずである。この前提に立てば、原発再稼働をめぐる住民世論においても、「周辺の地域の住民は反対する傾向にあり、中心と外部の地域の住民は反対しない傾向がある」という三環構造が確認できると推測される。

二　原発再稼働をめぐる「三環構造」はなぜ生じるのか？

原発再稼働をめぐる住民世論の状況については次章で論ずるが、それに先立ち、そもそもなぜ原発再稼働をめぐる三環構造が生じるのかについて、砂金（二〇二一b）にもとづいて確認する。

表1　迷惑施設をめぐる4つの立場

		影響の範囲	
		限定的	非限定的
影響の質	受益	うちに必要（経済的利益）	どこかに必要（公益）
	受苦	うちにはいらない（事故のリスク・環境負荷）	どこにもいらない（理念的反対）

（出典）砂金（2121b）を元に一部変更して作成。

1　迷惑施設をめぐる四つの立場

砂金は、NIMBY（Not In My Backyard：自分の裏庭にはお断り）に関する先行研究を整理し、迷惑施設をめぐるアクターの立場を四つに整理した。

表1のタテ軸は迷惑施設が及ぼす「影響の質」であり、「受益」と「受苦」に分けられる。ヨコ軸は迷惑施設の「影響の範囲」であり、特定の地域、とりわけ立地地域およびその周辺に「限定的」に及ぼす場合と、特定の地域に限らず「非限定的」に及ぼす場合とに分けられる。これら二つの軸を設定すると、迷惑施設をめぐる立場は四つに類型化される。

うちに必要（経済的利益）：「限定的」な「受益」の象限である。迷惑施設が建設される際、迷惑の対価として立地地域に対して補償金が支払われたり、インフラが整備されたりすることがある。また迷惑施設が稼動した後は、雇用の創出や関連産業の振興などが地域経済に正の影響を与える。これらによって税収が増えたり、迷惑施設が立地することによる補助金が交付されるなどして、立地自治体の財政が豊かになる場合がある。立地地域にはこれらのような経済的利益を重視する立場が存在する。こうした立場に立つ人々は、迷惑施設は「うちに必要」と考えるだろう。

うちにはいらない（事故のリスク・環境負荷など）：「限定的」な「受苦」の象限である。迷惑施設は立地地域に様々なデメリットももたらす。ごみ処分場などは悪臭や水質汚濁、土壌汚染といった公害をもたらす場合がある。刑務所などの刑事施設は治安の悪化などが懸念されることがある。これらが実際には生じなくても、そのリスクがあるだけで風評被害や地価の下落などが生じかねない。迷惑施設の立地地域にはこうしたデメリットを懸念する立場が存在する。こうした立場に立つ人々は、迷惑施設は「うちにはいらない」と考えるだろう。

どこかに必要（公益）：「非限定的」な「受益」の象限である。そもそも迷惑施設は社会に対して何らかの公益があるからこそ建設される。人々が生活する以上ごみを処分する施設は不可欠であるし、刑事施設は安全安心な社会を実現する役割を担っている。よってたとえ迷惑施設が立地地域に何らかのデメリットをもたらすとしても、多くの人々は「どこかに必要」と考えるはずである。

どこにもいらない（理念的反対）：「非限定的」な「受苦」の象限である。迷惑施設の中にはその必要性について必ずしも広範な合意が得られていないものも存在する。例えば自衛隊や在日米軍の基地などは平和や護憲の立場から反対する人々がいる。このように迷惑施設の存在そのものに理念的反対を唱える立場をＮＩＡＢＹ（Not In Any Backyard）と呼ぶ場合もある。こうした立場に立つ人々は、迷惑施設は「どこにもいらない」と考えるだろう。

従来のＮＩＭＢＹモデルは、迷惑施設をめぐる問題を、「どこかに必要」だが「うちにはいらない」という二つの立場の紛争として捉えてきた（表1の網かけの部分）。だがそれらだけでなく「うちに必要」と「どこにもいらない」を含めた四つの立場が、迷惑施設をめぐる紛争を形作るのである。

2　原発再稼働問題の特殊性

以上は迷惑施設をめぐる紛争の一般論であるが、本稿で検討する原発再稼働問題は、これらに加えて下記の二点について注意しなければならない。

第一に、原発再稼働は、新たに迷惑施設を立地するのではなく、既にある施設の存続をめぐる問題である、という点である。電源三法交付金をはじめとする補助金や、原発および関連施設への雇用、それらがもたらす経済効果などが既に存在していることから、原発は「うちには必要」という立場が強い可能性がある。

第二に、二〇一一年三月に発生した福島第一原発事故によって原発事故の被害が顕在化した、という点である。事故後、半径二〇キロ圏内が警戒区域に指定されて立ち入りが原則として禁止され、二〇キロから三〇キロ圏内は緊急避難準備区域とされた。福島第一原発が立地する大熊町や福島第二原発が立地する楢葉町だけでなく周辺地域においても避難を余儀なくされたことで、原発は「うちにはいらない」と考える人々の範囲が拡大した可能性がある。また日本は地震などの自然災害が多いことや、原発事故が環境や社会に与えた被害の大きさを鑑み、原発は「どこにもいらない」と考える人々が増加した可能性がある。

3　三環構造

原発再稼働問題の特殊性を加味すると、迷惑施設をめぐる四つの立場は以下のように分布することが推測される。

うちに必要（経済的利益）：原発立地地域を中心に狭く分布する。
うちにはいらない（事故のリスク・環境負荷など）：原発立地地域を中心に分布するが、事故のリスクは経済的利益よりも広範囲に及ぶため、相対的に広く分布する。
どこかに必要（公益）：地域的な偏りなく分布する。
どこにもいらない（理念的反対）：地域的な偏りなく分布する。

以上の議論を踏まえ、原発再稼働に対する態度を、原発が立地する地域（中心）、やや離れた地域（周辺）、さらに離れた地域（外部）ごとに整理すると次のようになる。

中心の地域は、原発がもたらす経済的利益が既にあることから「うちに必要」と考える人々が存在する。だが原発事故が起きた際に被害のリスクが高いことから「うちにはいらない」と考える人もいるはずである。「どこかに必要」あるいは「どこにもいらない」と考える人もいるだろう。こうして四つの立場が交錯するため、地域の総意として原発再稼働に明確な賛成・反対のどちらかに収斂することが困難である。

周辺の地域は、雇用や税収といった直接の経済的利益の恩恵がない一方、原発事故のリスクは存在する。そのため「うちにはいらない」という立場が強くなり、地域全体としては原発再稼働に反対の態度を取るだろう。

外部の地域は、直接の経済的利益はなく、原発事故のリスク圏からも外れている。公益の立場から「どこかに必要」と考える人や、理念的反対の立場から「どこにもいらない」と考える人もいるが、多くの人々は原発再稼働問題に無関心である。そのため地域全体としては原発再稼働に反対しないだろう。

以上の議論から、「原発周辺地域が再稼働に反対し、中心と外部の地域は反対しない」という三環構造が導かれるのである（**図1**）。

図1　原発再稼働に対する態度の三環構造

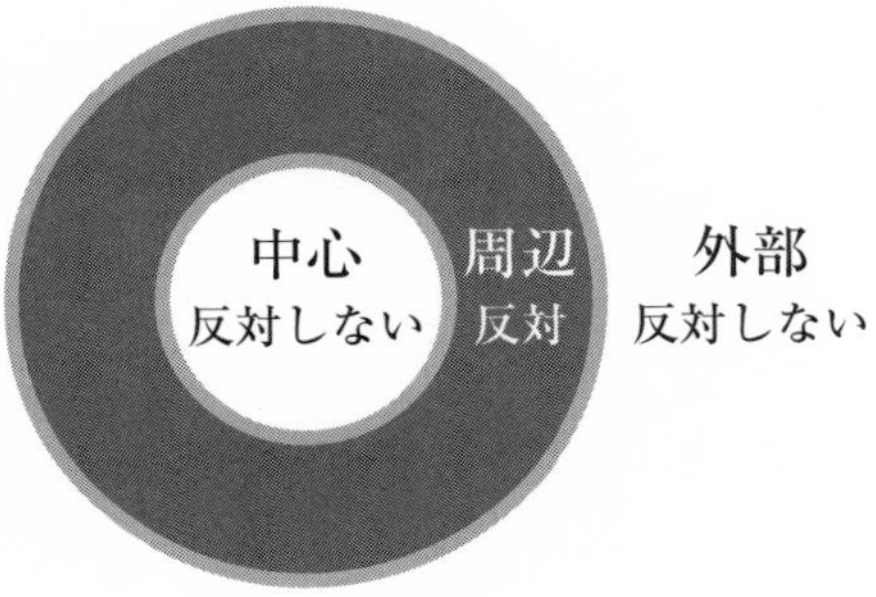

（出典）砂金（2021b）

三　原発に対する住民世論と原発からの距離

本章では、前章で論じた原発再稼働に対する態度の三環構造が住民レベルでも確認できるかについて、ＷＥＢアンケート調査の結果をもとに考察する。

1　住民ＷＥＢアンケートの概要

使用するデータは二〇二一年二月に実施した「原子力発電所に関する意識調査」と題するＷＥＢアンケート調査の結果である。(5) 調査対象は東海第二原発が所在する茨城県および隣接する栃木県、埼玉県、千葉県の四県に居住する住民三四〇〇人であり、居住市町村と東海第二原発からの距離に従って四つのグループに按分した。(6) 本稿の分析で用いるのは、迷惑施設をめぐる四つの立場にもとづいて設定された八つの質問項目である（**表2**）。

2　原発に対する四つの立場の分布

表3は、八つの質問項目に対する回答のうち「そう思う」「どちらかといえばそう思う」と回答した

表２　原発に対する４つの立場に関する設問文

「うちに必要」に関する設問
- 「原発は自分の住む地域の経済の維持・発展に不可欠な存在だ」（地域経済に不可欠）
- 「原発の存在は自分の住む地域の雇用や税収にプラスの影響を及ぼす」（雇用・税収にプラス）

「うちにはいらない」に関する設問
- 「原発事故が起きた場合、自分の住む地域に被害をもたらす」（事故被害を認識）
- 「原発事故が起きた場合、自分や家族も避難する必要に迫られる」（避難の必要性）

「どこかに必要」に関する設問
- 「原発は日本の電力需要を支えるために必要だ」（電力需要に必要）
- 「原発は温室効果ガスの削減に有効だ」（CO_2削減に有効）

「どこにもいらない」に関する設問
- 「原発は日本から無くすべきだ」（原発は無くすべき）
- 「地震国である日本に原発はふさわしくない」（地震国に不適切）

注）いずれも「そう思わない」「あまりそう思わない」「どちらでもない」「どちらかと言えばそう思う」「そう思う」の５件法で尋ね、１～５で得点化した。なおキャリーオーバー効果を考慮し、設問項目を表示する順番をランダムにした。

人の割合の合計（以下「肯定層」とする）を、東海第二原発からの距離別に集計したものである。

まず原発が「うちに必要」と思うかを尋ねた設問について見てみる。「原発は自分の住む地域の経済の維持・発展に不可欠な存在だ」の肯定層も「原発の存在は自分の住む地域の雇用や税収にプラスの影響を及ぼす」の肯定層も、いずれも三〇キロ圏内で有意に多い。それに対し三〇キロを超えると少なくなり、差も小さい。原発からの直接的な恩恵を感じているのは原発のごく近くに居住する人々に限られている。

次に原発が「うちにはいらない」と思うかを尋ねた設問について見てみる。「事故が起きた場合、自分の住む地域に被害をもたらす」の肯定層も「原発事故が起きた場合、自分や家族も避難する必要に迫られる」の肯定層も、いずれも三〇キロ圏内で有意に多い。だが三〇―六〇キロ、六〇―九〇キロに居住する人々の半数以上も肯定層であり、「うちに必要」に比べて広範囲に分布している。原発の危険性は、ＵＰＺ[7]（三〇キロ圏内）を越えて認識されていることがうかがわれる。

続いて原発が「どこかに必要」と思うかを尋ねた設問につ

表 3　原発をめぐる 4 つの立場と距離カテゴリー（クロス集計表：肯定層のみ）

	うちに必要		うちにはいらない	
	地域経済に不可欠	雇用税収にプラス	事故被害を認識	避難の必要がある
30km圏内	**32.7%**	**42.8%**	**86.0%**	**85.5%**
30〜60km	22.7%	29.2%	64.0%	55.0%
60〜90km	**19.7%**	**23.5%**	63.0%	**53.0%**
90km以上	21.3%	**24.0%**	**48.7%**	**44.8%**
合計	23.0%	28.1%	62.6%	56.4%
N＝3400	$\chi^2=40.164^{***}$ CramerV＝.109***	$\chi^2=85.270^{***}$ CramerV＝.158***	$\chi^2=231.368^{***}$ CramerV＝.261***	$\chi^2=272.329^{***}$ CramerV＝.283***

	どこかに必要		どこにもいらない	
	電力需要に必要	CO_2削減に有効	原発は無くすべき	地震国に不適切
30km圏内	43.8%	41.8%	42.8%	53.8%
30〜60km	45.0%	41.8%	40.3%	55.5%
60〜90km	42.7%	42.2%	45.5%	57.8%
90km以上	42.1%	44.7%	44.1%	56.9%
合計	43.1%	42.9%	43.6%	56.4%
N＝3400	$\chi^2=1.533^{n.s.}$ CramerV＝.021n.s.	$\chi^2=2.288^{n.s.}$ CramerV＝.026n.s.	$\chi^2=4.389^{n.s.}$ CramerV＝.036n.s.	$\chi^2=2.821^{n.s.}$ CramerV＝.029n.s.

注）***：$p<0.001$, **太字下線**は残差分析の結果５％水準で有意に割合が高いことを、**太字**は低いことを示す。

いて見てみる。「原発は日本の電力需要を支えるために必要だ」の肯定層も「原発は温室効果ガスの削減に有効だ」の肯定層も距離カテゴリー間の差はみられず、いずれも四割強となっている。

最後に原発が「どこにもいらない」と思うかを尋ねた設問について見てみる。「原発は日本から無くすべきだ」の肯定層は総じて四割程度、「地震国である日本に原発はふさわしくない」は総じて五割強となっており、いずれも距離カテゴリー間の差はない。

以上の結果は、前章で予測した分布と概ね一致している。

3　原発に対する四つの立場の規定要因

本調査の結果と先行研究の知見との整合性をさらに検討するため重回帰分析を実施した。

従属変数は【原発に対する四つの立場】である。分析には、それぞれの立場の二つの設問の

表4　重回帰分析に用いる変数の記述統計量

	度数	最小値	最大値	平均値	標準偏差
うちに必要	3400	2	10	5.310	2.229
うちにはいらない	3400	2	10	7.430	2.154
どこかに必要	3400	2	10	6.450	2.173
どこにもいらない	3400	2	10	6.940	2.329
30km圏内	3400	0	1	0.180	0.381
30～60km	3400	0	1	0.180	0.381
60～90km	3400	0	1	0.320	0.468
90km以上	3400	0	1	0.324	0.468
性別（女性ダミー）	3400	0	1	0.320	0.466
年齢	3400	20	90	54.110	13.655

（出所）いずれもWEBアンケート「原子力発電所に関する意識調査」にて独自に収集した。

点数を合計し2から10点の尺度を用いる。[8]

独立変数は【距離カテゴリー】（三〇キロ圏内、三〇―六〇キロ、六〇―九〇キロ）である。[9] また距離以外の要因についても検討するため、先行研究にもとづき【性別】【年齢】の二つの独立変数を追加した。女性は男性に比べ原発に反対する傾向があると推測され、[10] また高年齢の人ほど原発に反対する傾向があると推測される。[11] これらの記述統計量は**表4**の通りである。

重回帰分析の結果が**表5**である。[12]「うちに必要」は三〇キロ圏内が有意な正の影響を与えており、係数の絶対値も高い。三〇―六〇キロも有意な正の影響を与えているが、絶対値は低い。六〇―九〇キロは有意な影響を与えていない。「うちにはいらない」は三〇キロ圏内、三〇―六〇キロ圏内、六〇―九〇キロのいずれも有意な正の影響を与えており、距離が近いほど係数の絶対値が高い。「どこかに必要」と「どこにもいらない」では距離カテゴリー変数はいずれも有意な影響を与えていない。

以上の結果は前章で予測した四つの立場の分布と整合すると言える。なお距離以外の要因についても概ね先行研究に合致する結果が得られた。[13]

表5　原発をめぐる4つの立場の規定要因（重回帰分析）

	うちに必要		うちにはいらない		どこかに必要		どこにもいらない	
	β		β		β		β	
30㎞圏内	.146	***	.389	***	.000		−.016	
30〜60㎞	.054	**	.125	***	.011		−.006	
60〜90㎞	−.013		.119	***	−.014		.002	
女性ダミー	−.059	***	−.050	**	−.127	***	.109	***
年齢	−.123	***	.088	***	−.035	†	.128	***
Adj. R^2	.040		.125		.013		.018	
F	29.202	***	97.702	***	10.293	***	13.756	***

注）***：p<0.001, **：p<0.01, †：p<0.10　N＝3400

四　分析：市町村議会の意見書の可決状況と住民世論の関係

本章では、原発に対する住民世論が、居住する市町村の原発反対の意見書の可決状況に影響を与えているかを、二項ロジスティック回帰分析によって検証する。[14] 分析に使用する変数の記述統計量は表6の通りある。

1　従属変数

従属変数は【再稼働反対等の意見書の可決状況】である。具体的には、福島第一原発事故が発生した二〇一一年から二〇二〇年までの一〇年間に、議会が「東海第二原発の廃炉を求める意見書」あるいは「東海第二原発の再稼働を認めない意見書」（以下、「再稼働反対等の意見書」と総称する）を可決した市町村を1、可決していない市町村を0とするダミー変数を用いる。[15]

2　独立変数：原発反対の住民世論

独立変数は【原発反対の住民世論】である。具体的には以下の手続きにより市町村ごとの値を算出した。まず前章で論じた質問項目のう

表6　二項ロジスティック回帰分析に用いる変数の記述統計量

	度数	最小値	最大値	平均値	標準偏差
再稼働反対等の意見書	186	0	1	0.200	0.404
原発反対の住民世論	163	−15	9	−2.327	3.134
直線距離	186	3.7000	176.400	91.759	35.172
直線距離二乗項	186	13.690	31116.960	9650.136	6304.443
相対距離25.0km^2	186	0.640	22921.960	5687.179	4624.475
30km圏内	186	0	1	0.060	0.237
30〜60km	186	0	1	0.120	0.330
60〜90km	186	0	1	0.280	0.453
90km以上	186	0	1	0.530	0.500
革新政党議席率	186	0	0.250	0.094	0.061
公明党議席率	186	0	0.269	0.114	0.060
意見書可決数（平均）	186	0.560	20.000	3.955	3.389
財政力指数	186	0.210	1.520	0.745	0.226
人口（対数）	186	3.433	6.122	4.715	0.491
女性人口比	186	0.477	0.526	0.503	0.008
幼年人口比	186	0.064	0.164	0.109	0.018
第一次産業人口比	186	0.015	0.313	0.059	0.052

注）各データの出所については注19〜23を参照。

ち、「うちに必要」の二つ（「地域経済に不可欠」「雇用税収にプラス」）および「どこかに必要」の二つ（「電力需要に必要」「CO_2削減に有効」）を反転した。次に「うちに必要（反転）」の二つ、「うちにはいらない」の二つ、「どこかに必要（反転）」の二つ、「どこにもいらない」の二つ、計八つを市町村ごとに集計し平均点を算出した。最後にこれらを合計しひとつの変数にした[16]。この変数の値が高い市町村ほど原発反対の住民世論が強いことを示している。住民と市町村議会の間にプリンシパル・エージェント関係が成り立っているのであれば、【原発反対の住民世論】が【再稼働反対等の意見書の可決状況】に対して有意な正の影響があることが確認できるはずである。

ところで、WEBアンケートの回答者数は市町村ごとに異なる（最小〇人、最大一九七人）ため、回答者がいなかった二三市町村は分析から除外し、分析対象は回答者が一人以上だった一六三市町村となる（モデル1）。しかしこのモデルは、例えば回答者が一人だった市町村では一人の回答がそのままその市町村の住民世論となり、代表性に問題があると言わざるを得ない。

そこでモデル2として、回答者が一〇人以上の七九市町村を対象とする分析も実施する。モデル1は一サンプル当たりの代表性に、モデル2はサンプル数にそれぞれ課題があるが、それらに留意しつつ、両方のモデルで一貫した結果が出れば、仮説の頑健性は増すはずである。

3　その他の独立変数

【原発反対の住民世論】に加え、以下の独立変数を加える。

(1)原発からの距離に関する変数群

これまでの議論にもとづき、原発からの距離を独立変数に加える。原発からの距離が市町村議会における再稼働反対等の意見書の可決状況に影響を与えていることは砂金（二〇二一b）で検証されているが、距離要因を統制しても【原発反対の住民世論】が【再稼働反対等の意見書の可決状況】に影響を与えているかを確かめることが目的である。

距離要因の変数として【直線距離】と【直線距離二乗項】を投入する（モデルA）。ただしこれら二つの変数は多重共線性の問題が考えられるため[17]、【相対距離二五・〇キロ二乗】（モデルB）[18]、および三〇キロごとの【距離カテゴリー】（モデルC）についても併せて検証する。先行研究にもとづけば、【直線距離】と【直線距離二乗項】の係数は負に、【距離カテゴリー】のうち三〇―九〇キロの係数は正になるはずである。

(2)政治要因に関する変数群

【革新政党議席率】【公明党議席率】原発反対を表明している革新系の政党（立憲民主党、日本共産党、社民党、新社会党、生活者ネットワーク、市民ネットワーク）、および将来的な廃炉を目指すとする公明党の議席率が高い市町村ほど、再稼働反対等の意見書を可決する可能性がある。(19)

【意見書平均可決数】意見書を積極的に可決する市町村議会は、再稼働反対等の意見書も可決しやすい可能性がある。(20)

(3)社会経済要因に関する変数群

【財政力指数】前述のように、原発は立地地域に補助金をもたらすほか、雇用や税収などをもたらすことから、財政力が低い市町村の議会は、原発からの経済効果を期待して再稼働反対等の意見書を可決しにくい可能性がある。(21)

【人口（対数）】市町村の規模を示す変数として用いる。規模が大きい自治体は新しい政策を採用しやすいことから、(22)脱原発などの動きに敏感な可能性がある。

【幼年人口比】【女性人口比】前述のように、女性は男性に比べ原発に対して否定的な傾向があり、特に子育て中の女性でその傾向が顕著であるとされていることから、幼年人口比や女性人口比が高い市町村は再稼働反対等の意見書を可決しやすい可能性がある。

【第一次産業人口比】都市住民は脱物質的価値に賛同しやすい傾向があることから、第一次産業人口比が低い市町村の議会は再稼働反対等の意見書を可決しやすい可能性がある。(23)

4　分析結果

二項ロジスティック回帰分析の結果が**表7-1**および**表7-2**である。

【原発反対の住民世論】は六つ全てのモデルにおいて有意な正の影響が確認できた。原発に対して否定的な住民が多い市町村の議会ほど、再稼働反対等の意見書を可決する傾向があることを示している。係数の絶対値は距離要因より小さいものの、距離要因を統制しても有意な影響が確認されたことは、住民と市町村議会の間にプリンシパル・エージェント関係が成り立っていることをうかがわせると解釈できる。

距離要因（【直線距離】と【直線距離二乗項】、【相対距離二五・〇キロ二乗】、【距離カテゴリー】）は全てのモデルにおいて有意な影響が確認でき、係数の正負も先行研究および仮説と一致する。[24] また係数の絶対値が全独立変数中最も大きいことから、原発からの距離が再稼働反対等の意見書の可決状況に大きな影響を与えていることを改めて裏づける結果となった。

政治要因は【革新政党議席率】のみがいずれのモデルにおいても有意な正の影響が確認できた。原発反対を表明している政党・会派に所属している議員の割合が高い市町村議会ほど再稼働反対等の意見書を可決する傾向がある。先行研究および仮説と整合する結果であり、また全てのモデルにおいて係数の絶対値が【原発反対の住民世論】よりも低い。

社会経済要因は【財政力指数】、【人口（対数）】、【幼年人口比】が一部のモデルで有意となった。【財政力指数】の係数はいずれも負であり仮説と整合する。ただし、再稼働反対等の意見書を可決している市町村は周辺の地域であり、補助金や雇用といった原発からの直接の経済的利益を得ているとは思われない。この地域は比較的財政規模が小さい市町村が多いことが影響している可能性がある。【人口（対数）】の係数は負であり仮説に反する結果となった。再稼働反対等の意見書を可決する傾向がある周辺（三〇—九〇キロ）地域に比較的人口の少ない市町村が多いことが影響を与えていることが推測される

表7-1　再稼働等に反対する意見書可決の規定要因（二項ロジスティック回帰分析①）

回答者１人以上 (N=163)	再稼働等に反対する意見書					
	モデル1-A		モデル1-B		モデル1-C	
	β	EXP(β)	β	EXP(β)	β	EXP(β)
原発反対の住民世論	.967 **	2.631	.875 **	2.399	.805 **	2.237
直線距離	2.936 *	18.843				
直線距離二乗項	−5.203 **	.005				
相対距離25.0km²			−1.772 ***	.170		
30km 圏内					2.480 **	11.940
30〜60km					3.024 ***	20.564
60〜90km					2.746 ***	15.587
革新政党議席率	.693 *	1.999	.656 *	1.927	.759 *	2.136
公明党議席率	.382	1.465	.332	1.394	.477	1.610
意見書可決数（平均）	.190	1.210	.172	1.188	.213	1.237
財政力指数	− .810	.445	− .873 †	.418	−1.114 *	.328
人口（対数）	− .568	.567	− .503	.605	− .521	.594
女性人口比	− .090	.914	− .185	.831	− .339	.712
幼年人口比	.609	1.839	.663 †	1.940	.770 *	2.159
第一次産業人口比	− .284	.753	− .308	.735	− .389	.678
モデル検定（χ^2）	41.161 ***		37.260 ***		39.855 ***	
Cox-Snell R^2	.223		.204		.217	
Nagelkerke R^2	.342		.313		.333	

注）***: $p<0.001$, **: $p<0.01$, *: $p<0.05$, †: $p<0.10$

表７－２　再稼働等に反対する意見書可決の規定要因（二項ロジスティック回帰分析②）

回答者10人以上 (N=79)	再稼働等に反対する意見書					
	モデル２-A		モデル２-B		モデル２-C	
	β	EXP(β)	β	EXP(β)	β	EXP(β)
原発反対の住民世論	2.108 *	8.233	1.865 *	6.458	2.733 *	15.379
直線距離	2.892	18.023				
直線距離二乗項	−5.588 †	.004				
相対距離25.0km^2			−2.058 *	.128		
30km 圏内					3.730 *	41.697
30〜60km					5.358 **	212.356
60〜90km					3.741 **	42.156
革新政党議席率	1.434 **	4.197	1.477 **	4.378	1.514 *	4.547
公明党議席率	.881	2.412	.919	2.506	.934	2.544
意見書可決数（平均）	− .081	.922	− .192	.825	.088	1.092
財政力指数	−1.341	.262	−1.734 †	.176	−2.024 †	.132
人口（対数）	−1.538 †	.215	−1.379 †	.252	−1.085 †	.338
女性人口比	.035	1.035	− .143	.866	.030	1.030
幼年人口比	.972	2.645	1.127	3.086	1.566 *	4.787
第一次産業人口比	− .519	.595	− .623	.537	-.789	.454
モデル検定（χ^2）	33.209 ***		31.849 ***		39.946 ***	
Cox-Snell R^2	.343		.332		.397	
Nagelkerke R^2	.500		.484		.579	

注）***: $p<0.001$, **: $p<0.01$, *: $p<0.05$, †: $p<0.10$

が、本稿の議論の範囲を超えるため、その可能性を指摘するにとどめたい。なお、モデル1とモデル2で有意な変数が一部異なるのは、サンプルの違いによるものであると推測される。

おわりに

1　本稿で明らかになったこと

本稿は、「有権者が本人（プリンシパル）であり地方議員は代理人（エージェント）である」という地方自治におけるプリンシパル・エージェント・モデルが想定する関係が実際に確認されるかを、市町村議会における再稼働等に反対する意見書の可決状況を従属変数とし、原発反対の住民世論を独立変数とした二項ロジスティック回帰分析で検証した。その結果、原発反対の住民世論は、距離要因などの影響を統制しても、再稼働等に反対する意見書の可決状況に有意な影響を与えていることが検証された（図2）。これはプリンシパル・エージェント・モデルと整合する結果であり、地方自治における同モデルの蓋然性が増す結果となった。第一章第二節の整理に即して言えば、「原発反対の住民世論が強い市町村の議員は、有権者からの支持を得るために、再稼働等に反対する意見書を可決することで、選挙区民の要望の実現を図っている」と解釈できる。

一般に原発に対する政治家の態度は、所属する政党や会派によって規定されることが多い。自由民主党などの保守系の政党や会派に所属する議員であれば原発に賛成し、日本共産党や立憲民主党など革新系の政党・会派に所属する議員であれば原発に反対する傾向にあるだろう。本稿の分析結果においても、革新政党議席率は再稼働等に反対する意見書の可決状況に有意な正の影響を与えていることが確認されたが、原発反対の住民世論よりもその影響は小さい。また前述のように、東海第二原発から一定程

図2　本稿の分析結果にもとづく住民と市町村議員の間のプリンシパル・エージェント関係

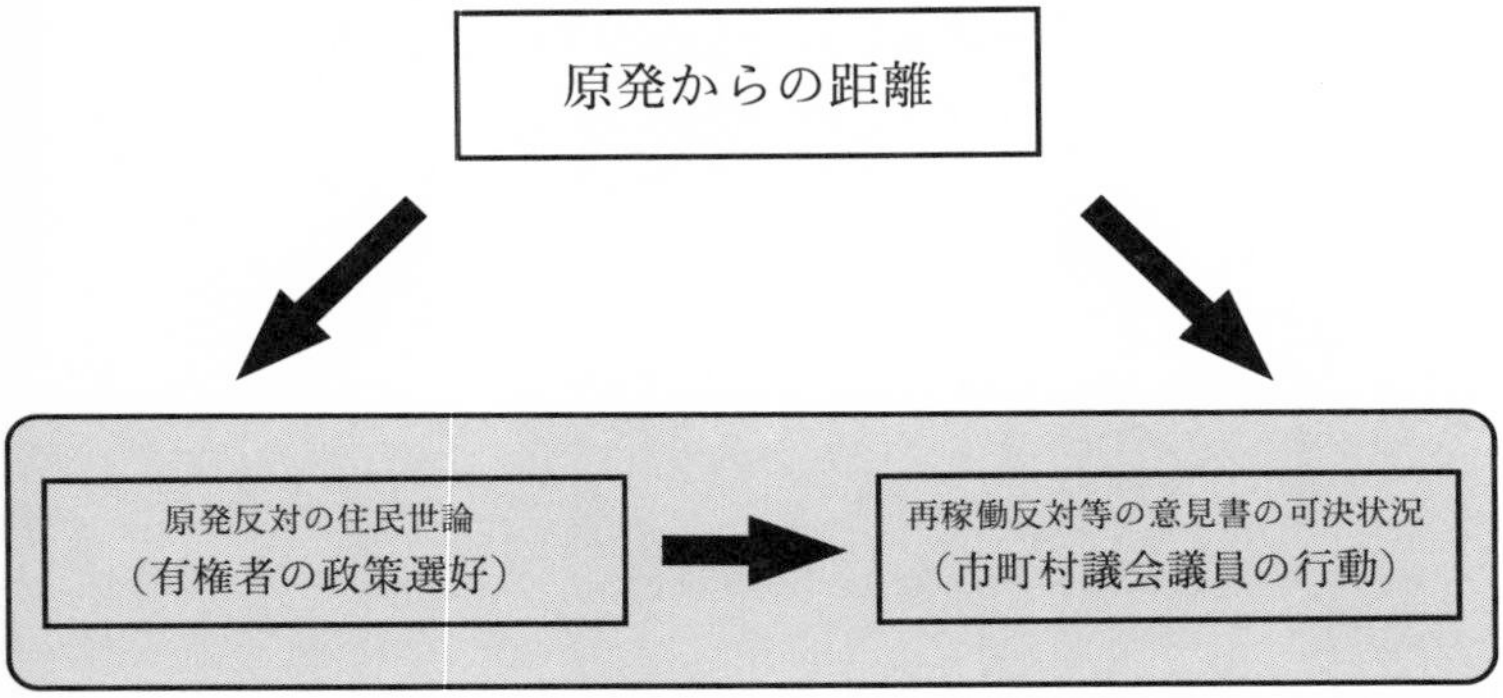

（出典）筆者作成

度離れた周辺の地域の市町村議会では、保守系の会派も含め全会一致で可決される傾向があることも、(25)本稿で得られた知見を補強するものであると思われる。

ところで、中島が指摘するように、意見書は「決議のように議決のしっ放しと違って必ず相手方に議会の意思を伝えるもの」であり「それなりに重要な意義がある」が、提出先である国会や関係行政庁は、(26)「これにいささかの束ばくを受けるものではなく、（中略）一種の建前であるから、効果としては絶対的なものではない」という点に注意が必要である。(27)特に原子力に関する事柄については、市町村議会が意見書を国などに提出したとしても、それが国政に影響を与えることは、現状においては難しいと言わざるをえないだろう。(28)このことを踏まえれば、原発反対の住民世論が強い地域において、保守系の市町村議会議員が再稼働等に反対する意見書の可決に賛成する理由は、それが①国の原子力政策の実質的な阻害要素とはならないことを見越しつつ、②自分に票を投じてくれる有権者の世論に沿った議員活動を行っていることをアピールする、という政治戦術である可能性がある。この可能性について、筆者は複数の市町村議会議員や議会事務局職員に対するヒアリングから整合する結果を得ているが、紙面の都合上、詳細な検討は別稿に譲りたい。

ちなみに都道府県議会の中で原発の再稼働等に反対する意見書を可決した議会は二〇二三年三月現在存在しない(29)。これは有権者である住民との間の距離感の違いや、あるいは中央レベルの政治との間の距離感の違いなどが影響を与えている可能性があるが、現段階では推測の域を出るものではないため、稿を改めて検討したい。

2 残された課題

最後に、本稿で論じることができなかった点を三つ挙げておく。

第一に、二元代表制のもう一方の主体であり、議会に比べて強い権限を有するとされる首長について分析していない点である。前述のとおり、意見書は議会の議決が単に議会そのものの意思を決定するにとどまり、市町村の意思の決定ではない。市町村が原発再稼働とどう向き合うかについて、議会以上に注目され、情報発信しているのは、むしろ首長である。原発再稼働をめぐる首長と議会の関係も完全に独立であるとはいい難いだろう。原発再稼働問題のみならず、市町村におけるプリンシパル・エージェント関係を検討するうえでも、二元代表制は重要なファクターのはずである。

第二に、本稿では中央政府や県の影響を考慮していない点である。原子力政策は地方レベルよりむしろ国政レベルで議論されている政策分野である。市町村は、原発や原子力施設の立地場所の選定の段階や、既存の原子力施設の存廃の問題においてアクターとして登場する。その際は、原発が立地する道府県もまた地元自治体として発言権を持っている。これらを考慮すれば、国や道府県もアクターとして考慮する必要があるだろう。また市町村レベルのプリンシパル・エージェント関係を検討するうえでも、国や都道府県の存在は興味深い論点であると思われる。

第三に、都道府県議会も含めた地方議会の意見書についてもっと掘り下げが必要である、という点である。本稿では、意見書は提出先を束縛しない一種の建前であるため、市町村会議議員の有権者に対するアピールの手段となっている可能性について論じた。だが土岐は、一九八〇年代初頭に全国の都道府県・市区町村議会で決議や意見書が可決された「国保給付費の都道府県一部導入反対」や「郵便貯金制度の存続・郵政行政に関するもの」などを例に挙げ、「全国的・世界的な世論あるいは特定の団体、組織の働きかけによって自治体を横断するように共通の内容のものが取り上げられ（中略）同種の意見書や決議が全国的に採択されるときは、一定の政治的機能をはたすことになる」と論じており[30]、本稿の分析とは異なる意見書の機能が示唆されている。また田口は、住民への周知や町外へのPRの手段として意見書等を活用している山形県朝日町議会の事例を紹介し、「議員発議である意見書や決議を通じて、議会が主導して意見を述べていくことも大事な機能ではないか」と論じている[31]。これは意見書が、使われ方によっては（プリンシパル・エージェント・モデルとは逆に）地方議員が住民等に対して理念を訴え輿論を導く機能も果たし得ることを示唆しているように思われる。つまり意見書の内容や、意見書案が議会で審議されるにいたった経緯、提出先はどこかなど、検討すべき余地は多い。地方議会の意見書は、決議や陳情・請願の取り扱いと同様に、これまで研究対象として必ずしも重視されてこなかった。だが内容や経緯なども踏まえて分析対象とすれば、地方議会や議員の多様な在り様を描き出すことで、地方自治研究に新たな視座を提供する素材となる可能性があると考える。

謝辞

本稿は日本地域政策学会二〇二一年度第二〇回全国研究【熊本】大会の個別報告をもとに大幅な加筆修正を加えたものである。報告に対して有益なコメントをくださった森田稔先生、また本稿に対し有益なコメントをくださった匿名の査読者の方々、そして執筆にあたり助言をいただいた中邨章先生に感謝申し上げる。無論、本稿に関する一切の責任は筆者にある。なお、本稿は令和二年度茨城県東海村「地域社会と原子力に関する社会科学研究支援事業」の助成を受けた研究の一部である。

参考文献

砂金祐年（二〇二一ａ）『東海第二発電所の再稼働は関東地方の市町村議会でどう議論されているのか？～論点の多様性と市民意識との比較～（令和二年度地域と原子力に関する社会科学研究支援事業最終報告書）』茨城県東海村。

砂金祐年（二〇二一ｂ）「原発再稼働に対する市町村議会の態度―東海第二原発をめぐる意見書の計量分析を通じて―」『年報行政研究』五六、一二三―一四四頁。

伊藤修一郎（二〇〇二）『自治体政策過程の動態　政策イノベーションと波及』慶應義塾大学出版会。

岩井紀子・宍戸邦章（二〇一三）「東日本大震災と福島第一原子力発電所の事故が災害リスクの認知および原子力政策への態度に与えた影響」『社会学評論』六四（三）、四二〇―四三八頁。

金井利之（二〇一九）『自治体議会の取扱説明書―住民の代表として議会に向き合うために―』第一法規。

河村和徳（二〇〇八）『現代日本の地方選挙と住民意識』慶應義塾大学出版会。

佐藤公俊（二〇〇七）「住民参加研究の理論的視座―ガバナンス論の視点から」『地域政策研究』一〇（二）、四五―六一頁。

柴田鐵治・友清裕昭（一九九九）『原発国民世論―世論調査にみる原子力意識の変遷』ＥＲＣ出版。

砂原庸介（二〇一一）『地方政府の民主主義　財政資源の制約と地方政府の政策選択』有斐閣。

曽我謙悟・待鳥聡史（二〇〇七）『日本の地方政治　二元代表制政府の政策選択』名古屋大学出版会。

曽我謙悟（二〇二二）『行政学 新版』有斐閣。

高橋幸市・政木みき（二〇一二）「東日本大震災で日本人はどう変わったか～『防災・エネルギー・生活に関する世論調査』から」『放送研究と調査』二〇一二年六月号、三四―五五頁。

高安健将（二〇〇五）「首相・大臣・政権党―プリンシパル＝エージェント理論から見た石油危機下の田中内閣―」『北大法学論集』五六（一）一―三四頁。

田口一博（二〇一七）「意見書・決議の活用＝朝日町（山形県）議会＝」『地方議会人』四七（八）、四二―四五頁。

田中啓介（二〇一三）「政官関係における本人・代理人理論と『組織の脆弱性』：政治家と情報機関の関係を巡る考察から」『横浜国際社会科学研究』一七（四・五）、一二五―一三八頁。

辻陽（二〇一五）『戦後日本地方政治史論　二元代表制の立体的分析』木鐸社。

辻陽（二〇一九）『日本の地方議会　都市のジレンマ、消滅危機の町村』中公新書。

土岐寛（一九八二）「地方議会における決議・意見書の政治機能」『都市問題』七三（一〇）、七二―八七頁。

中澤高師、辰巳智行（二〇二二）「浜松原子力発電所の再稼働に関する県民意識：社会的属性による差に注目して」『静岡大学情報学研究』二六、三五―五二頁。

中島正郎・石山一男編（一九八七）『改定地方議会用語辞典』ぎょうせい。

中島正郎（一九八八）『全訂　新しい議案の見方・考え方』ぎょうせい。

長野基（二〇一九）「自治体議会改革の成果と構造―基礎自治体パネルデータからの分析―」『法學志林』三一―六八頁。

中道實・小谷良子（二〇一三）『地域再生の担い手たち　地域住民・自治体職員・地方議会議員の実証分析』ナ

カニシヤ出版。

増田正（二〇一六）「北関東地方における政策課題と地方議会改革―主要7市議会会議録のテキストマイニング分析―」『地域政策研究』一八（二・三）、三三―四九頁。

真渕勝（二〇二〇）『行政学［新版］』有斐閣。

馬渡剛（二〇一〇）『戦後日本の地方議会―1955～2008―』。

山本英弘（二〇一六）「脱原発と民意のゆくえ：原子力発電をめぐる争点関心のプロセス」辻中豊編『大震災に学ぶ社会科学第一巻 政治過程と政策』東洋経済新報社。

ラムザイヤー・M、ローゼンブルース・F著、加藤寛監訳（一九九五）『日本政治の経済学　政権政党の合理的選択論』弘文堂。

リプスキー・M著、田尾雅夫・北大路信郷訳（一九八六）『行政サービスのディレンマ：ストリート・レベルの官僚制』木鐸社。

McCubins, M. D and Schwarts, T. 1984 "Congressional Oversight Overlooked: Police Patrols versus Fire Alarms," *American Journal of Political Science*, vol. 28, No.1:165-179.

Strøm, Kaare. 2000 "Delegation and accountability in parliamentary democracies," *European Journal of Political Research* 37: 261-289.

Weingast, B. R. 1984 "The Congressional-Bureaucratic System: A Principal Agent Perspective (with Applications to the SEC)," *Public Choice* 44: 147-191.

注

（1）日本の地方自治制度は二元代表制を採用しているため首長もエージェントであると言えるが、議論が煩雑になるため本稿では市町村議会に焦点を絞り、首長については検討しない。

(2) エージェンシー・スラック（あるいはエージェンシー・ギャップ）とは、プリンシパルの意思が明確でなかったり、プリンシパルによるエージェントに対する監視が必ずしもできないことを見越して、エージェントが自己利益にもとづいて勝手な行動を取ることによって生じる問題である。例えば真渕（二〇二〇：一六四―一六五頁）を参照。

(3) 例えばWeingast (1984)、McCubins & Schwarts (1884)、リプスキー（一九八六）、ラムザイヤー&ローゼンブルース（一九九五）、Strøm (2000)、高安（二〇〇五）、田中（二〇一三）など。

(4) 中島・石山（一九八七：四〇）。

(5) 本調査の詳細は「地域社会と原子力に関する社会科学研究支援事業」の報告書である砂金（二〇二一ａ）を参照。なお本調査の実施にあたっては同事業選考委員会の審査と承認を経ている。またWEBアンケートは株式会社ネオマーケティングに委託した。

(6) 砂金（二〇二一ｂ）は分析単位を二〇キロごととしているが、本調査はUPZの内外で住民意識に差があるかを検証するため、分析単位を三〇キロごととした。具体的には、三〇キロ圏内に居住する住民六〇〇人、以下三〇―六〇キロが六〇〇人、六〇―九〇キロが一一〇〇人、九〇キロ以上が一一〇〇人。いずれも居住地の市町村役場と東海第二原発の距離にもとづいてグループ分けした。なお、茨城県に隣接しているが福島第一原発事故の影響が強いと推測される福島県の住民は調査対象から除いた。UPZについては注七を参照。

(7) UPZ（Urgent Protective Action Zone：緊急防護措置を準備する区域）とは、原子力災害時に放射線被ばくによる影響のリスクを最小限に抑えるため、屋内退避、避難、一時移転および飲食物の摂取制限などの緊急防護措置を行う区域のことであり、原発から概ね三〇キロ圏内が設定されている。

(8) 四変数のCronbachのα係数は〇・七四八―〇・八八九であり、十分な内的整合性があると判断した。

(9) 九〇キロ以上はリファレンス・カテゴリーとして除外した。

(10) 柴田・友清（一九九九）、高橋・政木（二〇一二）、岩井・宍戸（二〇一三）。

（11）山本（二〇一六）、中澤・辰巳（二〇二一）。
（12）ＶＩＦ（Variance Inflation Factor：分散拡大要因）はいずれも二以下であり、多重共線性の問題はないと判断した。
（13）「うちにはいらない」の女性ダミーの係数は負となった。これは先行研究の知見とは異なり解釈が困難である。
（14）なお、独立変数間の影響力の大小を比較するため、全ての独立変数は平均〇、分散一に標準化して用いる。
（15）東海第二原発に関する意見書の類型化については砂金（二〇二一ｂ：一三〇―一三一頁）を参照。なお「運転延長に反対する意見書」は、年ごとの可決数の違いなどから他の二つの意見書と異なる要因があると推測されるため、本稿の分析からは除外する。
（16）Cronbach の α 係数は〇・七七六であり、十分な内的整合性があると判断した。
（17）モデルＡにおける直線距離のＶＩＦは一六・五二五、直線距離二乗項は一六・五〇一であり、多重共線性の問題が生じる可能性があると判断した。なおそれ以外の独立変数のＶＩＦは最大が人口（対数）の三・〇三五、他は全て三以下であり、多重共線性の問題はないと判断した。
（18）相対距離の考え方および算出方法については砂金（二〇二一ｂ：一三六）を参照。
（19）選挙ドットコム（https://go2senkyo.com：二〇二三年一月三一日アクセス）を元に、二〇二〇年一二月三一日時点の議席率を算出した。
（20）各市町村議会のサイトの掲載情報を元に、二〇一一年から二〇二〇年までの意見書可決数を算出した。不明の場合は議会事務局に照会した。
（21）総務省「地方財政状況調査家計資料」（https://www.soumu.go.jp/iken/shihyo_ichiran.html：二〇二三年一月三一日アクセス）から二〇二〇年度の財政力指数を調べた。
（22）伊藤（二〇〇二）。

（23）【人口（対数）】【幼年人口比】【女性人口比】【第一次産業人口比】は、e-Stat「統計でみる市区町村のすがた」（https://www.e-stat.go.jp/stat-search/files?page=1&toukei=00200502：二〇二三年一月三一日アクセス）の二〇二〇年のデータを基に算出した。なお先行研究や本稿第三章の分析を踏まえれば、社会経済要因に老年人口比を加えるべきであるが、多重共線性の問題が生じる可能性を考慮して除外した。

（24）三〇キロ圏内も有意な正の影響があるが、これは本稿の距離カテゴリーが二〇キロごとではなく三〇キロごとであることに起因すると推測される。東海第二原発から二〇キロ圏内の市町村に再稼働等に反対する意見書を可決している市町村議会はないが、二〇—三〇キロの範囲には複数存在する。

（25）砂金（二〇二一b）一三三—一三四頁。

（26）地方自治法第九九条には提出先として「国会又は関係行政庁」とあるが、実際には内閣総理大臣や衆議院議長、都道府県知事などの役職者、日本原子力発電株式会社などの事業者に対して提出されるケースもある。

（27）中島（一九八八）四八〇—四八一頁。

（28）自由民主党は同党のサイト内の「意見書キーワード」二〇二一年九月二七日の記事で「原子力発電所の再稼働」を取り上げ、「原発の再稼働は地方議会で反対の立場から意見書がひんぱんに提出されますが、わが党は一貫して安全が確認された原発については、再稼働すべきとの立場です」と記載している（https://www.jimin.jp/news/information/204263.html：二〇二三年三月一八日アクセス）。

（29）逆に、埼玉県議会が「世界で最も厳しい水準の規制基準に適合すると認められた原子力発電所の再稼働を求める意見書」を二〇一七年一二月一二日しているなど、原発再稼働を求める意見書を可決した都道府県議会は存在する。

（30）土岐（一九八二）七五—八〇頁。

（31）田口（二〇一七）四二—四五頁。

（いさご　さちとし・行政学）

V 書評

《書評》

内海麻利著『決定の正当化技術　日仏都市計画における参加形態と基底価値』

今里　佳奈子
（龍谷大学）

一　はじめに

私たちの生活は政府の決定に大きな影響を受けるが、一方で、政府の決定は、社会や人々に受けいれられなければ影響力を持ち得ない。それでは政府の決定はどのように受けいれられるのであろうか。

本書は、都市計画の専門家として様々な地方政府の決定過程に立ち会ってきた著者が、政府はどのように異論を退け、あるいは受けいれ、その決定を正当化するのかを、「正当化技術」をキー概念に、精密に論じたものである。ここで「正当化技術」とは、決定を正当化するために正当化理由を用いる政府の行為形態のことであり、本書の目的は、この「正当化技術」を実証的に解明することである。多くの先行研究が「意思決定者の目的を最大化しようとする行為」に着目するのに対し、本書は、「政府が自らの正統性を確保しようとする行為」に目を向け、「正当化理由」や「正当化技術」に着目する。この点に、本書の視角の新規性と独自性がある。

二　本書の概要

本書は全五部構成となっている。研究の枠組みを示す第Ⅰ部において主要な概念を提示し、リサーチクエッションを設定した上で、第Ⅱ部では比較研究の対象とする日仏の都市計画制度（即地的詳細計画である、地区計画（日本）と都市計画ローカルプラン（ＰＬＵ）（仏））について詳述し、第Ⅲ部では立法過程の検証を通じて、そして第Ⅳ部では執行過程の検証を通じて、それぞれ、「正当化理由」と「正当化技術」について詳細に検討を行う。そして、第Ⅴ部で得られた知見をまとめ研究の意義について述べる。以下、本書の内容を紹介する。

1　研究の枠組（第Ⅰ部）

本書において研究の枠組みが示されているのは第Ⅰ部である。上述のように、本書の目的は、「決定を正当化するために『正当化理由』を用いる政府の行為形態を『正当化技術』と捉え、政府の決定の『正当化技術』を実証的に解明することである」。

(1)「正当化理由の決定」への注目

この作業を行うために著者がまず行ったのが、「決定」を、「公的決定」「実体的決定」「正当化理由の決定」に区別した上で、「正当化理由の決定」に焦点を当てることであった。ここで、「公的決定」は、法令で定められた基準や手続きを経た後に行われる政府の決定の最終局面の決定のことであり、これに対して、「実体的決定」は公的決定の中身を政府が判断し決定する局面での決定、そして「正当化理由の決定」は、「実体的決定」が社会や人々に対して説得力をもつようにするための理由（正当化理由）

の決定である（はじめに）。このように政府の決定を三つに区別した上で、本書では、これまで見過ごされ不明瞭であった「正当化理由の決定」の実態を分析するのである。

⑵本書における二つの問い

その解明のために、本書は二つの問いを設定している。すなわち、①「政府はどのように決定を正当化するのか」（正当化技術：how）と、②「なぜ、特定の正当化技術によって政府は決定を正当化するのか（なぜ、特定の正当化技術になるのか）」（why）という問いである。

⑶正当化技術の五つの型と三つの問い

このうち、①「政府はどのように決定を正当化するのか」（正当化技術）については、第Ⅲ部において、日本の即地的詳細計画の立法過程を分析する中で、「法解釈型」、「専門知型」、「実績型」、「依存型」、「妥協型」という五つの「正当化技術」の型を導き出しており、以後、第Ⅲ部、第Ⅳ部においては日仏の即地的詳細計画制度の立法過程、執行過程の様々な局面で、この分類を使って、どのような「正当化技術」が用いられるかが詳細に説明される。予め述べておくと、この五つの型は、何をどのように「正当化理由」とするのかに関するものである。「法解釈型」は法令への適合性を、「専門知型」は専門的知見や論理を、「実績型」は政府自らの実績を、「依存型」は、実体的決定に影響を与えた者やその行為を、それぞれ「正当化理由」として用いるものである。また、「妥協型」は政府が自身の主張を取り下げ、抵抗者の異論を受けいれる形で正当化理由を示すものである。

また、第Ⅲ部と第Ⅳ部においてはこれに加えて、「正当化理由はいつ決定されるのか」（時期の特定：when）、「正当化理由は誰によってもたらされるのか」（理由の源泉：who）、「政府が何をもって正当化理由とするのか」（理由の選択：what）も詳細に検討され、第Ⅴ部においては、五つの「正当化技術」

とこれに関する三つの問いについての答えが総合的に説明される。

(4)正当化技術に影響を与える「参加形態」と「基底価値」

次に、第二の問い、「なぜ、特定の正当化技術になるのか」という点については、「参加形態」と「基底価値」の二つをとりあげ、これらと「正当化技術」との因果関係を検討する。「参加形態」と「基底価値」を重視するのは、これらが、政府が「正当化理由」を選択・使用する際に使う知能や技能（主観的側面）に影響を与えるという点で、「正当化技術」の特定にとって特に重要であると考えられるからである。

後述のように、即地的詳細計画においては、「参加形態」が、「参画という形態」（参加主体が政府の決定に関与するものの決定作成者たりえない）なのか、「自治という形態」（協議会方式等の参加者が決定作成主体となる）なのかが、政府が用いる「正当化技術」に影響を与える。また、同様に「基底価値」についても、それが「一般公益優先」なのか、「個人権利利益優先」なのかが「正当化技術」に影響を与える。これらのありようによって、政府はそれを資源として活用することができたり、逆に制約として修正を迫られるというのである。

2　研究対象の画定（第Ⅱ部）

本書は日仏の都市計画、特に、即地的詳細計画（地区計画（日本）、都市計画ローカルプラン（plan local d'urbanisme : PLU）（フランス）を素材とするが、それは、都市計画が、財産権にかかわる利害対立が激しいことに加え、政府の決定過程に多様なアクターがかかわる「多元的参加」が進んでいることから「抵抗が顕在化しやすい分野」であること、日仏がこの分野で類似のシステムをもつ一方で、「

基底価値」と「参加形態」が大きく異なるため、これらが「正当化技術」の違いとしてどのように現れてくるかを明らかにすることができるためである。第Ⅱ部では、日仏の都市計画法制と即地的詳細計画の詳細な説明を通じて、日本の地区計画、フランスの都市計画ローカルプラン（ＰＬＵ）を素材として取り上げることが適切であるかの確認を改めておこなっている。

即ち、まず、即地的詳細計画が財産権をめぐり利益対立が激しく、政府の決定への抵抗が顕在化しやすい法制であることを確認する。次に、日仏が類似の制度をもちながらも、「参加形態」と「基底価値」については違いがあることを確認する。具体的には、「参加形態」については、日本の場合は、「参加者が主体的に決定作成主体」となる「自治」の形態が存在するのに対して、フランスの場合はそれがないこと（参画のみ）、「基底価値」については、日本の都市計画法制が「個別権利利益優先」という価値観に基づいているのに対し、フランスは「一般公益優先」という価値観に基づいていることを確認する。

3　日仏即地的詳細計画の立法過程における正当化技術の分析（第Ⅲ部）

これを受け、第Ⅲ部では、日仏の即地的詳細計画の立法過程の分析を行っている。この過程は、計画の策定手続きにどのようなアクターをどのように参加させるのかという制度枠組が設定される過程である。日本については、地区計画の策定手続きに関する立法過程（国会審議）、フランスについては、ＰＬＵの策定手続で重要な位置を占めるコンセルタシオンの立法過程の法案審議を主に検討し、制度設計過程において、具体的にどのような「正当化技術」が用いられたか、また、「基底価値」がそこでどのような影響を与えたかについての分析が行われている。

まず、日本の場合、地区計画策定手続きの創設にあたり、法文上は、「参画」の形態をとるものの、運用上は、立法趣旨（「自制的な規制」）に即して「自治」の形態をとり得る制度枠組がとられることとなった。つまり、協議会方式等、参加者が決定作成者となる運用を想定して、「参画」の形態をとるか、「自治」の形態をとるかが、条例に委ねられることになったのである。このような制度枠組は、政府が、「参画」の制度（地方政府が団体のルールを定立し、地方政府の判断により裁定する制度）を決定し、これを「法解釈型」、「専門知型」「実績型」の「正当化技術」によって正当化する一方で、その運用面については、「自制的な規制」という形で「自治」の形態をとるかどうかの選択を自治体に委ねる決定を行い、これを、「依存型」の「正当化技術」によって正当化する中で登場したものである。

また、「基底価値」に関する内容については、立法過程の様々な場面で議論されているが、社会に流布する「個別権利利益優先」という価値観を退けることができずに、地区の利害関係者や借家人の利益など個別権利利益の尊重への配慮を行う制度が採用されることになったと説明している。その際正当化のために用いられたのは、「依存型」と「妥協型」という「正当化技術」であった。

一方、フランスにおいては、即地的詳細計画（ＰＬＵ）の策定手続きとして「コンセルタシオン」が創設されており、これは、多元的な参加を実現する制度枠組という意味では、日本と同様である。しかしそれは、「自治」の要素を含まない、「参画」の形態であった。国民議会では、地方政府が団体のルールを定立し、地方政府の判断・責務により裁定する制度（参画型）を決定し、それを「法解釈型」「専門知型」「実績型」の「正当化技術」によって正当化したのである。

また、「基底価値」との関係では、参加対象や手続きの面などで、政府は、「一般利益」を盾に「実績型」「専門知型」の正当化技術を用いて異論を退けており、このようなことから著者は、フランスの立法過程においては、「基底価値」である「一般公益優先」が、様々な面で影響を与えていると指摘している。

4　日仏即地的詳細計画の執行過程における正当化技術の分析（第Ⅳ部）

つづいて、第Ⅳ部では、執行過程の場面での「正当化理由」について検証している。この過程は立法過程で創設された制度を地方政府が運用する過程である。日本の地区計画については、計画策定期の意見聴取、決定期の意見書の提出、フランスについては、計画策定期のコンセルタシオン、計画決定期の公開意見聴取での「正当化技術」を中心に分析が行われている。

日本においては、自治体が、地区計画決定の策定手続きを、「参画」の形態にするか、「自治」の形態にするか選択できることから、著者は、「参画」の事例として「日の出・明海及び高洲地区」地区計画を、「自治」の事例として、「東野三丁目コモンシティ浦安地区」地区計画をとりあげ、「正当化理由の決定」を中心にその異同について分析を行っている。

著者の分析によれば、「参画」事例の「日の出・明海及び高洲地区」地区計画と、「自治」事例としての「東野三丁目コモンシティ浦安地区」地区計画では、「正当化技術」が異なる。「参画事例」である「日の出・明海及び高洲」地区では、地方政府は、地区計画の内容を、「法解釈型」と「専門知型」「実績型」の「正当化技術」によって正当化しているのに対し、「自治」事例である「コモンシティ浦安」の事例では、地方政府は参加主体が合意に至った過程や意思を根拠に、地区計画の内容を「依存型」により正当化しているのである。

一方、著者は、「基底価値」については、いずれの事例も「個別権利利益優先」という「基底価値」

の影響をうけていると述べる。まず、地区計画策定手続きにおいては、いずれの事例においても「個別権利利益優先」という基底価値の影響を受け、同意調達という方法がとられている。また、計画策定中にでた異論に対しては、「日の出・明海及び高洲」地区（参画）の場合は「妥協型」によって、「自治」の形態をとるコモンシティ浦安の場合は、「依存型」によって決定を正当化するという違いはあるものの、いずれも「基底価値」である「個別権利利益優先」が決定の内容に影響を与えている。

このようなことから、著者は、「個別権利利益優先」という「基底価値」が、財産権の主張を受けいれざるを得ないという形で政府の知能や技能の制約となり、一方で、同意調達行為を利用したという意味で、参加主体の行為が政府の知能や技能の資源となって「正当化技術」に影響を与えたとするのである。

一方、フランスにおいては、即地的詳細計画としてPLUの執行過程についてトゥールーズ・メトロポールの事例を取り上げ、「正当化理由の決定」を中心に分析している。まず、コンセルタシオンに関する全国調査によれば、フランスでは様々な形の参加形態がとられているが、それは「参画」の域を超えるものではなく、参加者自らが同意調達をはかったり、参加主体が決定作成主体となる「自治」のようなものではない。そのうえで、「参画」の、トゥールーズ・メトロポールの事例では、正当化が「法解釈型」と「専門知型」で行われていたとした上で、「参画」という参加形態が、政府の知能や技能の資源となっていると整理している。

つぎに基底価値については、「一般利益」が認知されているフランスにおいても、実際の計画案に対する抵抗においては個別権利利益が主張されている実態があることが示されている。しかし、トゥールーズの事例研究においては、政府は一般公益を重視し、コンセルタシオンで出された個別権利利益を優先しようとする意見を、「法解釈型」と、「実績型」という「正当化技術」によって退けている。そしてここから、「一般利益優先」という価値観が自らの実績を用いるという政府の知能や技能の資源として「正当化技術」に影響を与えているとする。その上で、フランスにおいても参加の過程で個別の利益を主張する抵抗が顕在化しているが、政府の決定を正当化するにあたっては、今でも「一般公益優先」という価値観に基づく理由を用いて、政府の決定を「法解釈型」「専門知型」「実績型」の正当化技術によって正当化していると述べている。

5　決定の「正当化技術」の解明（第Ⅴ部）

以上の詳細な分析から得られた知見が、「正当化技術の解明」としてまとめられているのが、第Ⅴ部である。

はじめにのべたように、本書の目的は決定を正当化するために「正当化理由」を用いる政府の行為形態を「正当化技術」と捉え、政府の決定の正当化技術を実証的に解明することにある。そのために、本書では日仏の即地的詳細計画の決定を素材として、二つの問いをたて、詳細な分析を行った。

⑴正当化技術の解明

この二つの問いごとに著者が解明した解答をここでまとめてみよう。まず、「正当化理由の決定」の時期（When 時期の特定）は、一般化すると、「実体的決定」の修正の有無と関係している。つまり、「実体的決定」が維持される場合には、「実体的決定」と同時に（またその後に）「正当化理由の決定」が行われるのに対して、「実体的決定」が修正される場合には、異論を受けいれるために正当化理由を修正・作り直し、それに合わせて「実体的決定」を修正することから、「正当化理由の決定」は、「実体的決定」の前に行われる。

次に、「正当化理由は誰によってもたらされるのか」（Who 理由の源泉）は、「決定作成の権力の所在によって決まる」。即ち、決定作成権力が政府にある場合には、政府はその理由を自らの理由として便宜的に用いる。一方、決定作成権力が外部環境にある場合は、政府は外部環境の意思や行為を「正当化理由」として利用する。

次に、「政府が何を理由として選択したか」（what 理由の選択）は、具体的には次の五つの理由—①法令への適合、②専門的な知見や論理、③政府自らの実績、④実体的決定に決定的な影響を与えた者やその行為、⑤抵抗者の異論—に分類され、その上で、これらに対応した「法解釈型」「専門知型」「実績型」「依存型」「妥協型」という五つの「正当化技術（how）」の類型が導かれる。

政府がこの五つの「正当化技術」のうちのどれをどのように用いるかは、「実体的決定」と「正当化理由の決定」における権力の所在によって異なってくる。政府に「実体的決定」についての権力がある場合には、「正当化技術」は、政府が自己の決定として自らの理由を主体的・自律的に用いる「法解釈型」「専門知型」「実績型」となる。しかし、「実体的決定」の権力が外部環境にある場合には、政府は、決定的な影響を与える者の意思や行為を「正当化理由」として利用し（依存型）、あるいは「正当化理由の決定」の権力が政府にはない（権力が抵抗者にある）場合には、政府は、他律的にもたらされた外部環境の意思や行為を正当化理由として利用する（妥協型）。

⑵正当化のメカニズム

次に、なぜ、特定の正当化技術になるのかという、正当化のメカニズムについては、本書では、「参加形態」（参画・自治）と、「基底価値」（個別権利利益優先・一般公益優先）が、政府の知能や技能の資源や制約になると考え、これらと「正当化技術」との因果関係を分析している。

まず、「参画」なのか、「自治」なのかという参加形態は、「実体的決定」における権力を政府がもつことができるかどうかを左右することにより、「正当化理由」という道具の用い方に影響を与えている。「実体的決定」における決定作成の権力が政府にある場合、政府は自らの理由を正当化理由として用いる（法解釈型、専門知型、実績型）。一方、決定作成の権力が政府にない場合は、他律的にもたらされた理由を利用する（依存型）。このようにして、参加形態は、道具を用いる政府の知能や技能の資源として働く。

次に、「基底価値」が及ぼす影響については、本書では、「個別権利利益優先」、「一般公益優先」という「基底価値」が及ぼす影響について考察している。「個別権利利益優先」の場合、決定の内容は個別の意思を尊重したものとなり、「一般公益優先」の場合、政府は個別権利利益とは無関係にこれを統制する。

その上で、日仏の比較から導かれた異論と社会の「基底価値」との関係は、次のようになる。

まず、「個別権利利益優先」の社会の場合、異論と社会の「基底価値」が一致している場合には、異論は受けいれられ、政府は「妥協型」で決定を正当化せざるをえない。あるいは「自治」の場合は、参加主体が個別権利利益を尊重して同意調達を行っていることを根拠として「依存型」で決定を正当化するという形になる。政府は一般公益をすでに尊重考慮しているが、個別権利利益に関する異論は受けいれざるを得ないのである。異論と社会の「基底価値」が不一致の場合には異論は退けられる。

一方、「一般公益優先」の社会の場合には、異論と社会の基底価値が一致でも不一致でも異論は退けられる。異論と社会の基底価値が一致している場合でも異論が退けられるのは、政府の考慮した「一般公益」が優先されるからである。その場合は、「法解釈型」、「専門知型」、「実績型」によって決定を正当化する。

このように、「基底価値」は、道具をもちいる政府の知能や技能の資源または制約になる。

三　本書の意義と課題

繰り返し述べてきたように、多くの先行研究が「実体的決定」やその内容に焦点を当て、「意思決定者の目的を最大化しようとする行為」に着目するのに対し、本書は、「政府が自らの正統性を確保しようとする行為」に目を向け、「正当化理由」や「正当化技術」に着目する。それは、「実体的決定」にも影響を与える。「正当化理由の決定」には、「実体的決定」にはない固有の技術が存在するからである。この点に、まずは、本研究の新規性と独自性があり、また、意義がある。

これについて詳細に論じるために、本書は、政治学・行政学・政策科学の研究においては区別されてこなかった「公的決定」「実体的決定」「正当化理由の決定」を区別し、「正当化理由の決定」について詳細に論じるとともに、「公的決定」「実体的決定」と「正当化理由の決定」の関係を明らかにしている。

また、本書は、日仏の即地的詳細計画制度の立法過程、執行過程の分析を通じて、「正当化技術」の五つの類型を導き出した。従来、「合法性」、「合理性」として説明されてきた正当化の根拠は、本書においては「法解釈型」（合法性に対応）、「専門知型」（科学的合理性に対応）、「依存型」・「妥協型」（社会的合理性に対応）、「実績型」という「正当化技術」として、より統一的・詳細に論じられることになった。これによって、政策過程の中で、「正当化技術」がどのように機能するのかをより具体的に把握することができるようになったものと考える。

さらに、本書は、日仏の即地的詳細計画の立法過程と執行過程の詳細な分析により、これらの正当化技術がどのような局面で、どのように用いられるかを、「実体的決定」と「正当化理由の決定」において権力がどこに所在しているのかによって説明した。また「参加形態」や「基底価値」との関係で実証している。

このようなことから、本書の読後、読者は、多くの知見を得ることができたと実感することができるだろう。一方で、読後に、さらに著者に尋ねてみたくなったことが多々あるのも事実だろう。たとえば、本研究の射程である。本書で明らかにしている「正当化技術」の五類型は汎用性も高く、都市計画分野に限らず、様々な分野で、分析のツールとして具体的に活用することができるのではないかと期待する。一方、「なぜ特定の正当化技術になるのか」を説明する鍵となった「参加形態」と「基底価値」という二つの要素はどうだろうか。これらは都市計画以外の分野でも同じように「正当化技術」を決める二つの要素として機能するのだろうか。それとも、他の分野では、「なぜ特定の正当化技術がになるのか」を説明する要素を別途検討する必要があるのだろうか。

また、本書では、都市計画分野において特定の「正当化技術」が選ばれることを説明するものとして「参加形態」と「基底価値」が取り上げられているが、政治状況や、社会経済状況など、実はそれ以外にも「正当化技術」の決定に影響を与えそうなものは多くあるように思われる。このようなものの存在はどのように考えればよいだろうか。

また、特に、本書では、フランスでは「一般公益優先」が、日本では「個別権利利益優先」がそれぞれ基底価値になるとし、それに基づいて、日仏の即地的詳細計画の立法過程、執行過程を分析しているが、著者自身も述べるように、これら二つの「基底価値」は理念型であり、多くの法的利益はその間のいずれかの場に位置しており、段階的にグラデーションが形作られている。だとすれば、実際には「基底価値」を使って「正当化技術」を説明できる事例はかなり限られてくるのではないか、といったようなことである。

ともあれ、本書が「正当化理由」、「正当化技術」に着目し、新しい視角をもって、これを体系的かつ詳細・精密に論じ、一つの体系として世に問うた功績ははかりしれないと考える。

あとがきによれば、本書は、著者が都市計画の実態に触れることで問題関心を強く抱きながらも都市計画学の射程からは明らかにすることが難しかった、「決定の正当化」「正当化技術」について、行政学・政治学の観点から解明を試みたものだという。また、この問題関心は、都市計画学にとどまらない、多くの分野にわたる様々な研究会等での様々な人々との議論やアドバイスによって深められ、形作られていったという。その結果、本書は、著者の20年以上にわたる都市計画研究業績とともに、新たに、新しい視角の下に体系的に書き下ろされた多くの論稿から構成されることになった。このような過程を経て本書が完成されたこともまた、多くの分野の学界に大きな貢献をもたらすこととなったものと考える。今後、さらに、研究が深められることをねがってやまない。

〔本書は、法律文化社、二〇二一年刊
定価（本体三一〇〇円＋税）〕

Ⅵ　学会記事

◇日本地方自治学会　学会記事

一　研究会

二〇二一年度の研究会が一一月一三日（土）と一四日（日）の両日、オンライン（Zoom）で開催された（開催本部：早稲田大学）。

【一日目一一月一三日（土）】

一〇時〇〇分～一二時〇〇分

(1)　記念講演「地方自治と私」見上崇洋（立命館大学名誉教授）

司会　榊原秀訓（南山大学）

一二時〇〇分～一二時三〇分総会

一二時三〇分～一三時一五分　昼食・休憩

一三時一五分～一五時一五分

(2)　共通論題Ⅰ「新型コロナウイルス危機と自治体」

稲葉一将（名古屋大学）「新型コロナ感染対策の法的課題（要請、命令、制裁）」

津軽石昭彦（関東学院大学）「新型コロナ感染症対策にみる自治体の健康危機管理体制について」

森　裕之（立命館大学）「新型コロナ感染症対策と自治体財政の変化」

司会　礒崎初仁（中央大学）

一五時三〇分～一七時一五分
(1) 分科会Ⅲ「公募セッション（自由論題）」
坂本　誠（政策研究大学院大学博士課程）「過疎対策の成立過程における政策ネットワークの分析」
清水信行（千葉商科大学大学院）「指定金融機関制度の現状と将来のあり方に関する研究」
コメンテータ　嶋田暁文（九州大学）、岩﨑　忠（高崎経済大学）
司会　北見宏介（名城大学）

【二日目一一月一四日（日）】
一〇時〇〇分～一二時〇〇分
(1) 分科会Ⅰ「ジェンダー平等と地方自治」
市川直子（城西大学）「社会における女性参画の制度と実態」
藪長千乃（東洋大学）「地方自治におけるリーダーシップとジェンダー：フィンランドの事例」
只友景士（龍谷大学）「地方財政におけるジェンダー予算の可能性―ジェンダー平等が進む地方自治を創る」
司会　碇山　洋（金沢大学）
(2) 分科会Ⅱ「ふるさと納税の影響と国・地方関係」
北村喜宣（上智大学）「泉佐野市ふるさと納税事件と分権法治主義」
牧瀬　稔（関東学院大学）「地域創生における「ふるさと納税」の意義に関する研究―ふるさと納税

は地域振興に寄与したか」
猪股　修（川崎市財政局税務部税制課）「川崎市におけるふるさと納税の影響について」
　司会　権　奇法（愛媛大学）
一二時〇〇分～一三時〇〇分　昼食・休憩
一三時〇〇分～一五時〇〇分
(3)　共通論題Ⅱ「デジタル化・DXと自治体」
松岡清志（静岡県立大学）「自治体におけるデジタル化・AI等活用の様態」
庄村勇人（名城大学）「自治体行政のデジタル化と個人情報保護―デジタル改革関連法の検討」
　コメンテータ　人見　剛（早稲田大学）
　司会　大谷基道（獨協大学）

二　総会

二〇二一年度総会が一一月一三日（土）にオンライン（Zoom）で開催され、二〇二〇年度決算・会計監査、二〇二二年度予算、役員について審議し、承認された。

◇日本地方自治学会　年報「論文」・「ノート」　公募要領

日本地方自治学会年報編集委員会
二〇〇六年一一月一一日総会にて承認
二〇一九年七月二〇日理事会にて変更

日本地方自治学会では、学会創立二〇周年を記念して、年報・地方自治叢書第二〇号（二〇〇七年一〇月刊）から、『年報』という発表の場を広く会員に開放することと致しました。

叢書の総頁数の関係で、「論文」「ノート」は最大三本までの掲載に限られますが、このことにより、学際的な本学会の特徴をより明確にし、年報の充実により、多角的な視点による地方自治研究の水準をさらに引き上げていきたいと考えます。

つきましては、以下の要領にて「論文」「ノート」を公募しますので、積極的にご応募ください。

一　応募資格

毎年一一月末日現在での全ての個人会員（一度掲載された方は、その後二年間応募をご遠慮いただくこととします）。

二　テーマ・内容

地方自治をテーマにしていれば、内容は応募者の自由としますが、日本語で書かれた未発表のもの（他の雑誌等に現在投稿中のものは応募できません）とし、「論文」または「ノート」のいずれか一点に限ります。

「論文」は、知見の新しさなどを求める学術論文を対象とし、「ノート」は、研究の中間段階でありながら一定のまとまりを持つものや学術的関心に支えられた行政実務についての論述など、地方自治研究を刺激することが期待されるものを対象とします。

三　原稿枚数

「論文」については、二四、〇〇〇字（四〇〇字詰原稿用紙六〇枚）以内、「ノート」については、一二、〇〇〇字以上一六、〇〇〇字未満（四〇〇字詰原稿用紙三〇枚以上四〇枚未満）とします。字数には、表題・図表・注・文献リストを含みます。

四　応募から掲載までの手続

①　意思表示

応募者は、毎年一二月末までに、原稿のプロポーザル（A四、一頁、一、二〇〇字程度）を、「封書」で、表に「日本地方自治学会論文・ノート応募」と明記の上、下記日本地方自治学会年報編集委員会委員長宛にお送りください。

プロポーザルには、何をいかなるアプローチで明らかにしようとするのか、内容のおおよその構成とその素材について説明してください。「論文」と「ノート」のどちらでの掲載を希望しているのかについても明記してください。

プロポーザルと実際の応募原稿の内容が大幅に異なる場合には、原稿を受理致しません。

応募の意思表示をされた方には、プロポーザル受理の通知とともに、応募件数の状況、執筆要領をお送りします。

・プロポーザル送付先　日本地方自治学会年報編集委員会委員長

〒一〇一―八三〇一　東京都千代田区神田駿河台一―一　駿河台研究棟二〇五号室

明治大学政治経済学部　牛山久仁彦

② 応募原稿の締め切り期日

翌年の二月中旬必着とします。上記日本地方自治学会年報編集委員会委員長宛に、執筆要領に従った完全原稿とそのコピー一部、計二部を、郵送してください。それ以外の方法では受け取りません。

③ 応募者の匿名性確保のための作業

二下旬に、年報編集委員会が、査読に当って応募者を判らないようにするため、応募「論文」「ノート」の一部について、必要最小限のマスキング（黒塗り）を施すことがあります。応募にあたっては、このマスキングがなされても、論旨を損わないよう、引用・注等に配慮した執筆をお願いします。

④ 審査方法

三月に入ると、年報編集委員会が、応募のあった「論文」「ノート」各一編につき、匿名で、三名のレフェリー（査読者）を委嘱し、およそ、一ヶ月間、審査をお願いし、その審査結果をもとに、掲載の可否を決定します。

三名のレフェリーのうち、二名以上が掲載可と判定した場合は、掲載できるとの原則で運用します。

しかし、年報への掲載可能本数は「論文」「ノート」あわせて、最大三本と見込まれるため、場合によっては、次年度号への掲載となる場合があります。

⑤　審査基準

「論文」については、主題の明晰さ、命題・事実・方法などにおける知見の新しさなどを基準とし、地方自治学会年報に掲載する学術論文としての適切さを審査します。査読結果によって、掲載可となる場合でも、「論文」ではなく、「ノート」として掲載可となることもあります。また、掲載の条件として修正が求められた場合には、再査読が行われます。

「ノート」については、論述が整理されていること、調査研究を刺激する可能性のあることなどを基準とし、提出された時点での完成度について、地方自治学会年報に掲載する「ノート」としての適切さを審査します。

但し、年報への掲載可能本数が「論文」「ノート」あわせて、最大三本であるため、掲載にあたっては「論文」を優先し、「掲載可」とされた「ノート」であっても、年報編集委員会がレフェリーによる相対評価に基づいて優先順位をつけ、順位の低い「ノート」の掲載を次年度号に送る判断をすることがあります。

また、掲載の条件として修正が求められた場合には、再査読が行われます。

⑥　掲載可となった原稿の提出

早ければ五月初旬、再査読が必要になった場合でも、六月初旬には、年報編集委員会から応募者に対して、掲載の可否についての最終の連絡をします。

掲載否の場合は、レフェリーの判断を年報編集委員会にて取りまとめたうえ、応募者に文書にて通知します。

掲載可の場合は、年報編集委員会からの通知を受けて、六月末日までに、日本地方自治学会年報編集委員会委員長宛に、完全原稿一部とその電子情報（ワード）を添付ファイルにて提出してください。

⑦　校正等

年報は、一一月下旬までの刊行を目指しますが、その間に、著者校正を二回程度お願いします。

五　その他

公募論文の年報への掲載に際しては、年報編集委員会による簡単な応募状況などの報告のみを付します。

以　上

編集後記

二〇二一年度研究会も二〇二〇年度研究会に引き続き、コロナ禍のため、オンライン開催となりました。そのため、時間や進行の制約上、報告の件数も絞った形になりました。このことは、年報である『地方自治叢書』の編集には、思わぬ影響が生じることになりました。それは、限定された報告のなかから、編集委員会での掲載候補の選定、報告者のご意向等の状況により、掲載対象報告が限られてしまうことです。35号は、このような状況のなかで編集されたため、掲載論文が少なくなり、申し訳なく思っています。また、編集作業に時間がかかり、出版がおくれたこと、お詫び申し上げます。

さて、コロナ禍も第七波を超えて、本稿編集時点では、落ち着いており、旅行等の移動制限も緩和されています。そのようななか、二〇二二年度研究会は、三年ぶりに対面で開催されることになりました。会員の皆様との交流を深めることとなるよう祈念しております。

（年報編集委員会委員長　三野　靖）

現代社会の課題と地方自治　〈地方自治叢書35〉

2024年1月10日　初版発行

定価はカバーに表示してあります

編　者　日本地方自治学会
発行者　竹　内　基　雄
発行所　㈱　敬　文　堂
東京都新宿区早稲田鶴巻町538
電話　(03) 3203-6161 (代)
FAX　(03) 3204-0161
振替　00130-0-23737
http://www.keibundo.com
印刷／信毎書籍印刷株式会社　製本／有限会社高地製本所

ISBN978-4-7670-0258-3　C 3331

〈日本地方自治学会年報〉既刊本

地方自治叢書〈1〉 転換期の地方自治

本体二四〇〇円

日本地方自治学会の設立に当たり柴田徳衛／地方自治論の課題と展望兼子仁／現代社会と地方自治史研究の成果と課題大石嘉一郎／行政学の立場から寄本勝美／社会学の立場から似田貝香門／転換期のアメリカ政府間関係新藤宗幸／転換期の地方自治戒能通厚／西ドイツにおける地方自治伊東弘文／町づくりにおける住民参加の歴史的経過をたどって片方信也／転換期の意味と主体の問題矢澤修次郎／イギリス地方税改革と地方自治の再編北村裕明／アメリカの市民参加寄本勝美／公共性の現代的展開似田貝香門／「東京の行政と政治」研究ノート佐々木信夫／書評

地方自治叢書〈2〉 日本地方自治の回顧と展望

本体三〇〇〇円

戦後地方自治雑考阿利莫二／私と地方自治杉村敏正／明治地方自治の国際的性格山田公平／都市自治一〇〇年における関一芝村篤樹／昭和期における府県制度改革天川晃／地方自治の継受と公益事業制策について今井清一／日本の地方自治の「独自性」宮本憲一／戦後日本政治分析における多元主義理論と中央地方関係佐藤俊一／八〇年代の不動産資本・土地市場の動向と都市の変貌宮野雄一／岐路にたつ都市社会運動吉原直樹／イタリアの都市自治と住民参加宗田好史／台湾の地方財政川瀬光義／韓国における住民参加制度について鄭相干／タイの地方自治と住民参加橋本卓／書評

地方自治叢書〈3〉 広域行政と府県

本体二六二一円

地方自治と私足立忠夫／「行革」・広域行政と府県都丸泰助／府県と自治体連合の可能性鳴海正泰／農山村地域と広域行政保母武彦／都市計画の立場からみた都道府県と広域行政石田頼房／自治的広域行政機構の条件岩崎美紀子／福祉行政事務の地方移譲の法的問題点芝池義一／イギリス地方税制改革の基本的枠組星野泉／フランスにおける地方債の自由化青木宗明／ニュージーランドにおける政府間関係の動向藤井浩司／都市ポランタリズムとコミュニティ渡戸一郎／書評

地方自治叢書〈4〉 世界都市と地方自治

本体二九一三円

私と地方自治柴田徳衛／世界都市の挑戦K・タブ（横田茂訳）／英国地方税制の改革と地方団体の反発竹下譲／「世界都市・TOKYO」の特質とその構造的矛盾寺西俊一／都市の産業構造からみた世界都市論青木圭介／世界都市の理論化と問題点中邨章／新しい中央地方関係論へ笠京子／補助金と地方自治鶴田廣巳／地方自治と住民参加鵜飼照喜／タイにおける過疎農村地域開発と地方政府の役割M・サングスカル（小池治訳）／人口過疎地域における地方自治体の役割と機能E・パディラ（中村・小池・中邨訳）

地方自治叢書〈5〉 条例と地方自治

本体二七一八円

学会誌第五号の発行にあたって佐藤竺／私と地方自治加藤一明／研究会「条例と地方自治」のまとめ兼子仁／地方自治の展開と条例の諸傾向吉田善明／まちづくりと条例三橋良士明／都市憲章条例への期待富野暉一郎／自治体条例論をめぐる枠組みの再検討五十嵐敬喜／自治体における選択基準の実際江口清三郎／自治体財政における公会計システムについて兼村高文／選挙区割における地方性重視の可能性小林幸夫／真鶴町まちづくり条例論五十嵐敬喜／韓国の民主化と地方自治盧隆熙／日・韓地方自治比較の問題点山田公平／書評

地方自治叢書〈6〉

地域開発と地方自治

本体二七一八円

全国総合開発計画三〇年を検討する**宮本憲一**／自治の思考の転換**河中二講**／「持続する発展」をもとめて**宮本憲一**／リゾート開発と地方自治**今里滋**／地域開発と地方自治**渡名喜庸安**／地域環境時代の地域開発と地方自治**中村剛治郎**／グローバル・リストラと地域開発**佐々木雅幸**／孫文の建国構想における地方自治と台湾の地方行財政**川瀬光義**／三新法体制における参加と統制の制度構造**小原隆治**／住民自治の歴史的展開**玉野和志**／都市再開発とネイバーフッド・リバイタリゼイション**白石克孝**／書評

地方自治叢書〈7〉

都市計画と地方自治

本体二七一八円

第七巻発刊にあたって**宮本憲一**／私と地方自治**横山桂次**／わが国都市計画の新次元への挑戦**三村浩史**／改正都市計画法―行政手続法―開発指導**鈴木庸夫**／都市計画のマスタープランとまちづくりの課題**片方信也**／合衆国の都市改造の経験とその教訓**遠州尋美**／一九九二年都市計画法、建築基準法改正に寄せて**北原鉄也**／都市環境形成の課題**安木典夫**／まちづくりにおける自治会・企業・支所の役割**今川晃**／わが国の都市計画行政と市町村マスタープランの創設**丸山康人**／発展途上国における地方分権化**山崎圭一**／ポスト福祉国家と新都市社会学の展開**西山八重子**／書評

地方自治叢書〈8〉

現代の分権化

本体二七一八円

学会誌第八巻の発刊に当たって**室井力**／私と地方自治**佐藤竺**／現代地方分権論の文脈**加茂利男**／立法学からみた地方分権推進法**五十嵐敬喜**／地方分権と税財政制度改革**遠藤宏一**／地方分権―五つの関心**水口憲人**／討論「社会福祉分野からのコメント」**武田宏**／戦時・占領期における集権体制の変容**市川喜崇**／伊勢湾沿岸域開発と地方自治**鈴木誠**／地方政府再編に関する一考察**牛山久仁彦**／フランス州財政の諸問題**中西一**／外国人居住者と日本の地域社会**田嶋淳子**／都心居住にみる自治体の施策と課題**市川宏雄**／書評

地方自治叢書〈9〉

行政手続法と地方自治

本体二七〇〇円

私と地方自治**吉岡健次**／行政手続法と地方自治**本多滝夫**／行政手続法と地方自治**今村都南雄**／行政手続法と地方自治**塩崎賢明**／報告に対するコメント**見上崇洋**／水資源開発と地方自治**小森治夫**／韓国における工業団地開発と都市財政**鄭徳秀**／書評

地方自治叢書〈10〉

機関委任事務と地方自治

本体二八〇〇円

私と地方自治**宮本憲一**／「機関委任事務」法論と地方自治**白藤博行**／機関委任事務廃止の意味**辻山幸宣**／機関委任事務と財政改革**坂本忠次**／社会セクター台頭の意味と可能性**白石克孝**／地方分権と地方財源**星野泉**／英国労働党政権の新地方自治政策**横田光雄**／書評

地方自治叢書〈11〉
戦後地方自治の歩みと課題
本体二九〇〇円

地方自治と私室井力／地方自治改革の軌跡と課題山田公平／分権的税財源システムの課題伊東弘文／戦後地方自治と革新自治体論鳴海正泰／震災復興と自治体財政高山新／英国の地方財政制度稲沢克祐／サンフランシスコにおけるアフォーダブル住宅五嶋陽子／書評

地方自治叢書〈12〉
介護保険と地方自治
本体二八〇〇円

私と地方自治研究大石嘉一郎／介護保険と市町村の役割池田省三／介護保険と地方財政横山純一／鷹巣町の福祉岩川徹／コミュニティ・ソリューションと市民・NPO日詰一幸／都市と農山村の連携におけるNPOの役割松井真理子／福祉改革・地方分権改革の中の生活保護行政木原佳奈子／広域連合制度の特質とその活用方途原田晃樹／書評

地方自治叢書〈13〉
公共事業と地方自治
本体二八〇〇円

地方財政危機と公共事業関野満夫／公共事業と地方自治晴山一穂／公共事業の分権武藤博己／地方分権一括法以後の地方自治辻山幸宣／韓国の地方分権の推進状況と課題崔昌浩／パラダイムの転換竹下譲／書評

地方自治叢書〈14〉
分権改革と自治の空間
本体二九〇〇円

私と地方自治石田頼房／分権改革水口憲人／環境行政における中央・地方の役割分担と協力寄本勝美／地方分権改革と広域行政岩崎美紀子／地域社会の側から見た地方分権と広域行政富野暉一郎／高齢者保健福祉政策と市町村の公的責任水谷利亮／自治体財政とキャッシュ・フロー会計兼村高文／基地問題と沖縄の自治島袋純／韓国地方自治制度の歴史と現行制度に関する一考察李憲模／英国における「地方自治の現代化」森邊成一／書評

地方自治叢書〈15〉
どこまできたか地方自治改革
本体二八〇〇円

新世紀における三重のくにづくり北川正恭／地方分権改革と地方税制星野泉／分権時代の法環境久保茂樹／分権化の行政改革向井正治／議員提出条例から見た県議会改革小林清人／韓国における地方議会の現状と活性化策呉在一・朴恵子／英国の自治体経営改革の動向稲沢克祐／現代デモクラシーのなかの住民投票上田道明／書評

地方自治叢書〈16〉

自治制度の再編戦略

本体二八〇〇円

地方自治と私**兼子仁**／自治史のなかの平成合併**山田公平**／自治体再編と新たな自治制度**島田恵司**／基礎的自治体と広域的自治体再論**人見剛**／都市・農村共生型財政システムをめざして**重森曉**／「西尾私案」と地方自治**白藤博行**／市町村合併に伴う選挙区制度設置と自治体内自治組織論**今井照**／市町村合併の検討過程と住民自治**小林慶太郎**／地方公共事業とＰＦＩ**森裕之**／書評

地方自治叢書〈17〉

分権型社会の政治と自治

本体二八〇〇円

二元的代表制の再検討**駒林良則**／自治を担う議員の役割とその選出方法**江藤俊昭**／自治体の財政的自立と税源移譲**兼村高文**／「地域自治組織」と自治体の政治**今井照**／イングランドにおける広域自治体の再編**馬場健**／ＮＰＯと資金問題**松井真理子**／地方政治のニューウェイブ**今里佳奈子**／韓国の住民投票制度について**姜再鎬**／書評

地方自治叢書〈18〉

道州制と地方自治

本体二八〇〇円

地方自治と私**山田公平**／《対談》都道府県自治をめぐって**増田寛也・今村都南雄**／道州制と北海道開発予算の現状・課題**横山純一**／道州制の考え方**稲葉馨**／道州制・都道府県論の系譜**市川喜崇**／「地域自治区」の法的位相**妹尾克敏**／自治の本質と価値**黒木誉之**／書評

地方自治叢書〈19〉

自治体二層制と地方自治

本体二八〇〇円

地方自治制度改革のゆくえ**加茂利男**／風土の上にある自治**松本克夫**／新時代の基礎自治体**岩崎美紀子**／個別行政サービス改革としての三位一体改革**金井利之**／地方分権改革の検証**垣見隆禎**／都市計画関係法令と条例制定権**大田直史**／ブラジル参加型予算の意義と限界**山崎圭一**／カナダの州オンブズマン制度と地方自治体の関係**外山公美**／書評

地方自治叢書〈20〉

合意形成と地方自治

本体二八〇〇円

地方自治体の国政参加権再論**人見剛**／基地維持財政政策の変貌**川瀬光義**／スイスの住民参加と合意形成—住民投票の可能性と限界**岡本三彦**／住民投票の歴史的展開**鹿谷雄一**／コミュニティ政策の課題**玉野和志**／地域コミュニティの現在**家中茂**／書評

地方自治叢書〈21〉

格差是正と地方自治

本体二八〇〇円

自治体の格差と個性に関する一考察**山口道昭**／二〇〇〇年代「教育改革」と教育を受ける権利**竹内俊子**／「地域格差」と自治体の再生**岡田知弘**／福島県商業まちづくり推進条例と「まちづくり三法」**鈴木浩**／指導要綱の条例化と住民の意向の反映**内海麻利**／ドイツの市民参加の方法「プラーヌンクスツェレ」と日本での展開**篠藤明徳**／地方財政調整交付金制度創設に関する論議**中村稔彦**／書評

地方自治叢書〈22〉

変革の中の地方自治

本体二八〇〇円

地方自治と私**加茂利男**／道路論争**五十嵐敬喜**／自治体議会改革を考える**小林武**／国と普通地方公共団体との間の行政訴訟**寺洋平**／自治基本条例における住民自治の必要性**相澤直子**／アメリカの交通まちづくりと持続可能な都市交通経営**川勝健志**／市民によるマニフェスト評価**長野基**／書評

地方自治叢書〈23〉

第一次分権改革後一〇年の検証

本体二八〇〇円

地方分権の法改革**白藤博行**／自治体の再編と地域自治**今川晃**／三位一体改革の帰結と財源保障制度の将来像**武田公子**／農山漁村地域における自治体財政の実態と課題**栗田但馬**／韓国における分権化政策の評価と課題**呉在一**／書評

地方自治叢書〈24〉

「地域主権改革」と地方自治

本体二八〇〇円

あらためて問われる「地域主権」改革**今村都南雄**／「地域主権改革」と住民自治**人見剛**／創造都市と都市文化景観**佐々木雅幸**／イギリスにおける自治体外部監査の制度的特徴**長内祐樹**／分権改革と政府間関係**立岩信明**／イングランドにおけるリージョナリズムの変化**石見豊**／書評

地方自治叢書〈25〉

「新しい公共」とローカル・ガバナンス

本体二八〇〇円

新しい公共における政府・自治体とサード・セクターのパートナーシップ**原田晃樹**／イギリスのパートナーシップ型地域再生政策の評価—第三の道とビッグソサイエティ**金川幸司**／ローカル・ガバナンスにおける地方自治体の議会改革**新川達郎**／議会改革・議会内閣制・ボランティア議会と住民の役割**榊原秀訓**／東日本大震災復興の理念と現実**塩崎賢明**／「国保被排除層」の生活保護問題**藤井えりの**／書評

地方自治叢書〈26〉

参加・分権とガバナンス

本体三〇〇〇円

地方自治と私**中邨章**／住民参加から住民間協議へ**島田恵司**／都市内分権とコミュニティ**横田茂**／自治体改革と都市内分権・市民参加**槌田洋**／高齢者介護と地方自治体の課題**横山純一**／貧困・地域再生とローカル・ガバナンス**山本隆**／復興過程における住民自治のあり方をめぐって**吉野英岐**／沖縄県における跡地利用推進特措法の意義と課題**林公則**／書評

地方自治叢書〈27〉

基礎自治体と地方自治

本体二八〇〇円

基礎自治体における財源減少時期の予算制度改革**稲沢克祐**／基礎自治体の変容**江藤俊昭**／東日本大震災における木造応急仮設住宅供給の政策過程**西田奈保子**／アメリカのコミュニティ開発法人**宗野隆俊**／イギリスの「大きな社会」下におけるサード・セクター組織の多岐的対応**清水洋行**／基礎自治体における市民参加型「公開事業点検・評価」活動の研究**長野基・牧瀬稔・廣瀬克哉**／書評

地方自治叢書〈28〉

自治体行財政への参加と統制

本体二八〇〇円

協働と地方自治**荒木昭次郎**／住民監査請求の課題と到達点**小澤久仁男**／債権放棄議決と住民訴訟制度改革論**大田直史**／三号請求訴訟の新たな可能性**杉原丈史**／日本におけるコミュニティ予算制度の考察**鈴木潔**／ドイツにおける市民予算の特性**宇野二朗**／書評

地方自治叢書〈29〉

地方創生と自治体

本体二八〇〇円

「地方創生」と農村**坂本誠**／地方創生と自治体間連携**本多滝夫**／地方公務員の権利・義務の変容**山下竜一**／高齢者の生活保障施策の動向と行財政**田中きよむ**／書評

地方自治叢書〈30〉

憲法の中の自治、自治の中の憲法

本体二八〇〇円

私と地方自治（記念講演）**今村都南雄**／辺野古新基地建設をめぐる法的争訟**徳田博人**／沖縄をめぐる政治**佐藤学**／公共施設の利用制限をめぐる法的問題**首藤重幸**／一八歳選挙権と主権者教育**小玉重夫**／自治体行政と人権保障**東川浩二**／書評

地方自治叢書〈31〉

地方自治研究の三〇年

本体三〇〇〇円

地方自治研究史私論**宮本憲一**／日本国憲法七〇年のもとでの自治と分権**白藤博行**／自治体学会と自治実践研究・分権改革**金井利之**／自治体周辺法人の法的考察**板垣勝彦**／官と民が担う合法ギャンブルの変遷**萩野寛雄**／教育政策における議会の役割**坂野喜隆**／「住民本位の予算書」のわかりやすさの規定要因の探索**佐藤徹**／書評

地方自治叢書〈32〉

自治の現場と課題

本体二八〇〇円

地方自治と私**辻山幸宣**／生活保護行政の法的統制**前田雅子**／政府間関係再編下の地方財政**川瀬憲子**／北陸新幹線後の金沢経済の分岐点**佐無田光**／地域の支え合い活動と事業者の既得権防御**嶋田暁文**／米国における公私主体による〝自治創造〟の動態の把握の試み**菊地端夫**／小規模自治体間連携**水谷利亮**／書評

地方自治叢書〈33〉

二〇四〇問題と地方自治

本体三〇〇〇円

安倍政権の成長戦略と「自治体戦略二〇四〇構想」**岡田知弘**／「自治体戦略二〇四〇構想」の問題点**真山達志**／社会的価値評価をめぐる非営利組織と自治体の役割**原田晃樹**／大規模インフラ事業と住民参加**野田崇**／災害時の共助と地域の絆との関係性**澤田道夫**／大災害に対する県の生活復興財政の分析と評価**桒田但馬**／地方自治からみた災害対策法制の課題**岡田正則**／書評

地方自治叢書〈34〉

地方自治の諸相

本体三〇〇〇円

地方公務員の非正規化とその影響**上林陽治**／地方公務員制度における地方公共団体の自律性**松村享**／地方自治体の芸術祭への関与についての行政法的検討**和泉田保一**／文化庁の補助金交付作用とあいちトリエンナーレ**北見宏介**／長野県内市町村の地域再生に向けて**中村稔彦**／自治体におけるパブリックコメントの積極的運用と首長の政治姿勢**吉岡久恵**／知事選挙における中央官僚出身者と政党の選挙戦略**米岡秀眞**

（＊価格は税別です）